党的十八大以来大事记

中共中央党史研究室

人 民 出 版 社

中共党史出版社

目　　录

党的十八大以来大事记

编者按：为迎接中国共产党第十九次全国代表大会胜利召开，中共中央党史研究室编写了《党的十八大以来大事记》。党的十八大以来，以习近平同志为核心的党中央团结带领全党全军全国各族人民，高举中国特色社会主义伟大旗帜，统筹推进"五位一体"总体布局、协调推进"四个全面"战略布局，推出一系列重大战略举措，出台一系列重大方针政策，推进一系列重大工作，解决了许多长期想解决而没有解决的难题，办成了许多过去想办而没有办成的大事，党和国家事业发生了历史性变革，中国特色社会主义进入了新的发展阶段。《大事记》集中反映了5年来党和国家事业取得的历史性成就和发生的历史性变革。

2012 年

2012 年 11 月

11 月 8 日—14 日 中国共产党第十八次全国代表大会举行。大会正式代表 2268 人，特邀代表 57 人，代表全国 8200 多万党员。胡锦涛作《坚定不移沿着中国特色社会主义道路前进，为全面建成小康社会而奋斗》的报告。大会总结过去 5 年的工作和过去 10 年的基本经验，确立科学发展观的历史地位，提出夺取中国特色社会主义新胜利的基本要求，确定全面建成小康社会和全面深化改革开放的目标，对新的时代条件下推进中国特色社会主义事业作出全面部署，对全面提高党的建设科学化水平提出明确要求。大会通过关于《中国共产党章程（修正案）》的决议，将科学发展观同马克思列宁主义、毛泽东思想、邓小平理论、"三个代表"重要思想一道确立为党的指导思想。大会选举产生第十八届中央委员会和中央纪律检查委员会，其中中央委员会委员 205 人、候补委员 171 人，中央纪律检查委员会委员 130 人。

11 月 15 日　中共十八届一中全会举行。习近平主持并讲话。全会选举产生新一届中央政治局，共 25 人；选举习近平、李克强、张德江、俞正声、刘云山、王岐山、张高丽为中央政治局常委，习近平为中央委员会总书记；根据中央政治局常委会的提名，通过中央书记处成员，决定中央军事委员会组成人员，习近平为主席；批准中央纪律检查委员会书记、副书记和常委人选，王岐山为书记。同日，十八届中央纪委一次全会举行，选举中央纪律检查委员会书记、副书记和常委，报中央委员会批准。

同日　新当选的中共中央总书记习近平和其他中央政治局常委同采访党的十八大的中外记者见面。习近平指出，人民对美好生活的向往，就是我们的奋斗目标。我们的责任，就是要团结带领全党全国各族人民，接过历史的接力棒，继续为实现中华民族伟大复兴而努力奋斗；就是要团结带领全党全国各族人民，继续解放思想，坚持改革开放，不断解放和发展社会生产力，努力解决群众的生产生活困难,坚定不移走共同富裕的道路;就是要同全党同志一道,坚持党要管党、从严治党,切实解决自身存在的突出问题,切实改进工作作风,密切联系群众,使我们党始终成为中国特色社会主义事业的坚强领导核心。

11月16日　十八届中央政治局召开第一次会议,对学习宣传贯彻党的十八大精神进行研究部署,要求把全党全国各族人民的思想统一到党的十八大精神上来,把力量凝聚到实现党的十八大确定的各项任务上来,为实现党的十八大确定的奋斗目标和工作任务而奋斗。

同日　胡锦涛、习近平出席中央军委扩大会议。胡锦涛指出,习近平同志是合格的党的总书记,也是合格的中央军委主席,一定能够团结带领军委班子履行好肩负的重大历史责任。习近平高度评价胡锦涛同志为党和国家、为国防和军队建设建立的卓越功勋,强调军委班子和军队高级干部要忠心耿耿为党和人民工作,努力把国防和军队建设不断推向前进。

11月17日　十八届中央政治局就深入学习贯彻党的十八大精神进行第一次集体学习。至2017年9

月,围绕各种重大理论和实践问题共进行集体学习43次。

11月29日 习近平、李克强、张德江、俞正声、刘云山、王岐山、张高丽等在国家博物馆参观《复兴之路》展览。习近平提出并阐述"中国梦",强调实现中华民族伟大复兴,就是中华民族近代以来最伟大的梦想,坚信到中国共产党成立100年时全面建成小康社会的目标一定能实现,到新中国成立100年时建成富强民主文明和谐的社会主义现代化国家的目标一定能实现,中华民族伟大复兴的梦想一定能实现。

2012年12月

12月4日 中共中央政治局会议审议通过《十八届中央政治局关于改进工作作风、密切联系群众的八项规定》。11日,中共中央印发这一规定,这是党的十八大召开以后制定的第一部重要党内法规。以习近平同志为核心的党中央以身作则,率先垂范,严格执行八项规定,各地区各部门陆续制定相应规定、细则并严格贯彻落实中央八项规定精神。至2017年8月底,全国累计查处违反中央八项规定精神问题18.4万起,处理党员干部 25 万人,给予党纪政纪处分 13.6 万人,包含省部级干部 20 人。

同日 首都各界纪念现行宪法公布施行 30 周年大会举行。习近平强调,要恪守宪法原则、弘扬宪法精神、履行宪法使命,把全面贯彻实施宪法提高到一个新水平。

12 月 4 日—8 日 王岐山出席在俄罗斯莫斯科举行的中俄总理定期会晤委员会第十六次会议和中俄能源谈判代表第九次会晤,在哈萨克斯坦阿斯塔纳举行的中哈合作委员会第六次会议。

12 月 6 日 中共中央纪委公布四川省委副书记李春城涉嫌严重违纪接受组织调查,拉开了党的十八大以来查处腐败大案要案的序幕。至 2017 年 6 月底,共立案审查中管干部 280 多人、厅局级干部 8600 多人、县处级干部 6.6 万人。

12 月 7 日—11 日 习近平在广东深圳、珠海、佛山、广州等地考察,强调党的十八大向全党全国发出了深化改革开放新的宣言书、新的动员令,要增强改革的系统性、整体性、协同性,做到改革不停顿、开放不止步。

12 月 15 日—16 日 中央经济工作会议举行。习近平分析国际国内经济形势,提出 2013 年经济工作总体要求和主要任务。温家宝总结 2012 年经济工作,对 2013 年经济工作作出部署。李克强作总结讲话。会议强调,要紧紧围绕科学发展主题和加快转变经济发展方式主线,以提高经济增长质量和效益为中心,稳中求进,开拓创新,扎实开局,进一步深化改革开放,进一步强化创新驱动,加强和改善宏观调控,积极扩大国内需求,加大经济结构战略性调整力度,着力保障和改善民生,增强经济发展的内生活力和动力,保持物价总水平基本稳定,实现经济持续健康发展和社会和谐稳定。

12 月 24 日—25 日 习近平、俞正声走访各民主党派中央和全国工商联。习近平强调,要坚定不移坚持和完善中国共产党领导的多党合作和政治协商制度,支持民主党派更好履行参政党职能,为实现中共十八大确定的目标任务而奋斗。此前,11 月 30 日至 12 月 21 日,中国国民党革命委员会、中国民主同盟、中国民主建国会、中国民主促进会、中国农工民主党、中国致公党、九三学社、台湾民主自治同盟等 8 个民主党派中央和中华全国工商业联合会分别进行换届选举。

12 月 27 日 我国自主建设、独立运行的全球卫星导航系统——北斗卫星导航系统正式提供区域服务,范围覆盖包括我国及周边地区在内的亚太大部分地区。

12 月 28 日 十一届全国人大常委会第三十次会议通过修订后的《中华人民共和国证券投资基金法》和《中华人民共和国老年人权益保障法》。

12 月 31 日 中共中央、国务院印发《关于加快发展现代农业进一步增强农村发展活力的若干意见》。

2013 年

2013 年 1 月

1 月 5 日—7 日 新进中央委员会的委员、候补委员学习贯彻党的十八大精神研讨班举行。习近平强调,全党同志必须毫不动摇坚持和发展中国特色社会主义,永远要有逢山开路、遇河架桥的精神,在实践中不断有所发现、有所创造、有所前进。刘云山、张高丽作辅导报告。

1 月 16 日 全国中小企业股份转让系统揭牌,非上市公司股份转让的小范围、区域性试点开始走向全国性市场运作。12 月 13 日,国务院印发《关于全国中小企业股份转让系统有关问题的决定》。

1 月 17 日 习近平在新华社《网民呼吁遏制餐饮环节"舌尖上的浪费"》材料上作出批示,要求厉行节约、反对浪费。11 月 18 日,中共中央、国务院印发《党政机关厉行节约反对浪费条例》。依据这个条例,相继就党政机关经费管理、国内差旅、因公临时出国(境)、培训、公务接待、公务用车、会议活动、办公用房、基层党建活动、资源节约等方面出台系列党内法规和规范性文件。

1月18日 中共中央、国务院举行国家科学技术奖励大会。党的十八大以来,共举行5次奖励大会。郑哲敏、王小谟、张存浩、程开甲、于敏、赵忠贤、屠呦呦先后获国家最高科学技术奖。

1月21日—22日 十八届中央纪委二次全会举行。习近平强调,要更加科学有效地防治腐败,坚定不移把党风廉政建设和反腐败斗争引向深入,形成不敢腐的惩戒机制、不能腐的防范机制、不易腐的保障机制。王岐山作工作报告。

1月26日 我国自主研制的运—20大型运输机首次试飞成功。2016年7月6日,运—20正式列装空军航空兵部队。

2013年2月

2月3日 国务院批转国家发展改革委、财政部、人力资源社会保障部《关于深化收入分配制度改革的若干意见》。

2月23日 国务院印发《国家重大科技基础设施建设中长期规划（2012—2030年）》。2013年，国务院印发的文件还有《关于促进海洋渔业持续健康发展的若干意见》《关于促进光伏产业健康发展的若干意见》《关于加快发展节能环保产业的意见》《"宽带中国"战略及实施方案》《关于改革铁路投融资体制加快推进铁路建设的意见》《关于加快发展养老服务业的若干意见》《关于化解产能严重过剩矛盾的指导意见》等。国务院公布的行政法规有《征信业管理条例》《铁路安全管理条例》《中华人民共和国外国人入境出境管理条例》等。

2月26日—28日 中共十八届二中全会举行。习近平代表中央政治局向全会报告工作并发表讲话。李克强就《国务院机构改革和职能转变方案（讨论稿）》作说明。全会通过拟向十二届全国人大一次会议推荐的国家机构领导人员人选建议名单和拟向全国政协十二届一次会议推荐的全国政协领导人员人选建议名单，通过《国务院机构改革和职能转变方案》，建议国务院将方案提交十二届全国人大一次会议审议。

2月27日 十一届全国人大常委会第三十一次会议通过全国人大常委会代表资格审查委员会关于十二届全国人大代表的代表资格的审查报告。十二届全国人大代表选举是2010年修改选举法后，首次实行城乡按相同人口比例进行的选举。

2月28日 国务院发出通知，决定以2015年6月30日为标准时点，开展第一次全国地理国情普查。2017年4月24日，普查公报正式发布。

2013年3月

3月1日 习近平出席中共中央党校建校80周年庆祝大会暨2013年春季学期开学典礼，强调要在全党大兴学习之风，依靠学习和实践走向未来，全党同志特别是各级领导干部都要有加强学习的紧迫感，都要一刻不停地增强本领。

3月3日—12日 全国政协十二届一次会议举行。贾庆林作全国政协常委会工作报告。会议选举俞正声为全国政协主席。

3月5日—17日 十二届全国人大一次会议举

行。温家宝作政府工作报告。吴邦国作全国人大常委会工作报告。会议选举习近平为国家主席、国家中央军委主席,张德江为全国人大常委会委员长,李源潮为国家副主席;决定李克强为国务院总理;批准《国务院机构改革和职能转变方案》。17日,习近平发表讲话,强调实现中国梦必须走中国道路,弘扬中国精神,凝聚中国力量。

3月11日 习近平出席十二届全国人大一次会议解放军代表团全体会议,指出建设一支听党指挥、能打胜仗、作风优良的人民军队,是党在新形势下的强军目标。

3月12日—13日 全国政协十二届常委会第一次会议举行。俞正声主持并讲话,强调要切实增强做好政协工作的责任感和使命感,在全面建成小康社会的伟大实践和伟大征程中发挥更大作用。至2017年8月,全国政协十二届常委会共举行22次会议。

3月19日 十二届全国人大常委会第一次会议举行。张德江主持并讲话,强调要坚定不移走中国特色社会主义政治发展道路,坚持和完善人民代表大会制度,坚持依法治国,推动人大工作迈出新步伐、迈上新台阶。至 2017 年 9 月,十二届全国人大常委会共举行 29 次会议;十二届全国人大及其常委会共制定法律 22 件、修改法律 110 件次、通过有关法律问题和重大问题的决定 37 件、作出法律解释 9 件,我国现行有效法律共 260 件。

3 月 20 日 新一届国务院召开第一次全体会议,对政府工作进行部署,并提出要坚决落实向社会承诺的"约法三章",即本届任期内,政府性的楼堂馆所一律不得新建,财政供养的人员只减不增,"三公"经费只减不增。

3 月 22 日—30 日 习近平对俄罗斯、坦桑尼亚、南非、刚果共和国进行国事访问,并出席在南非德班举行的金砖国家领导人第五次会晤。23 日,在俄罗斯莫斯科国际关系学院发表演讲,提出命运共同体理念,呼吁建立以合作共赢为核心的新型国际关系。25 日,在坦桑尼亚尼雷尔国际会议中心发表演讲,阐述真实亲诚的对非政策理念。27 日,在金砖国家领导人德班会晤上发表讲话,提出建立贸易投资大市场、货币金融大流通、基础设施大联通、人文大交流的四大目标。

2013 年 4 月

4 月 4 日 中共中央办公厅、国务院办公厅、中央军委办公厅印发《关于进一步加强烈士纪念工作的意见》。

4 月 6 日—8 日 博鳌亚洲论坛 2013 年年会在海南博鳌举行。习近平出席开幕式并发表《共同创造亚洲和世界的美好未来》的主旨演讲。

4 月 15 日 中国与冰岛签署自贸协定。此后,中国相继与瑞士、韩国、澳大利亚、格鲁吉亚签署自贸协定。

4 月 20 日 四川省雅安市芦山县发生 7.0 级地震,给当地人民生命财产造成重大损失。习近平立即作出指示,要求千方百计救援受灾群众,最大限度减少伤亡,并前往灾区指导抗震救灾工作。李克强作出批示并赴灾区指导工作。在中共中央、国务院、中央军委领导下,广大军民团结奋战,夺取了抗震救灾斗争胜利。7 月 6 日、15 日,国务院先后印发《芦山地震灾后恢复重建总体规划》和《关于支持芦山地震灾后恢复重建政策措施的意见》。至 2016 年 6 月底,灾后重建目标基本如期完成。

4月22日—26日 王岐山等中央纪委监察部领导班子成员一对一约谈53位派驻中央和国家机关各部委纪检组组长、纪委书记,督促担负起管党治党责任、推进中央八项规定精神落实。此后,各省级纪委也相继建立约谈制度。

4月24日 国务院常务会议决定第一批先行取消和下放71项行政审批事项。至2017年9月,国务院部门取消和下放行政审批事项的比例超过40%;非行政许可审批彻底终结;清理规范国务院部门行政审批中介服务事项超过70%。

4月25日 十二届全国人大常委会第二次会议通过《中华人民共和国旅游法》。

4月25日—26日 法国总统奥朗德对中国进行国事访问。习近平同奥朗德会谈,双方决定进一步深化中法新型全面战略伙伴关系。李克强、张德江分别会见奥朗德。

4月26日 我国成功发射高分辨率对地观测系统首星高分一号。至2016年8月,共发射4颗高分专项卫星,高分二号标志着我国民用遥感卫星跨入亚米

级时代,高分四号是世界首颗地球同步轨道高分辨率
光学成像卫星。

2013 年 5 月

5 月 9 日　中共中央印发《关于在全党深入开展
党的群众路线教育实践活动的意见》。党的群众路线
教育实践活动以为民务实清廉为主要内容,从 2013 年
6 月开始,自上而下分两批开展,至 2014 年 9 月底基
本结束。2013 年 6 月 18 日,党的群众路线教育实践
活动工作会议举行,习近平强调要集中整治形式主义、
官僚主义、享乐主义和奢靡之风这"四风"问题。此
后,中央政治局常委同志分别出席指导联系点省区党
委常委班子和县委常委班子专题民主生活会。2014
年 10 月 8 日,党的群众路线教育实践活动总结大会举
行,习近平对新形势下全面推进从严治党提出 8 点明
确要求。

5 月 10 日　我国海军正式组建首支舰载航空兵
部队。

5 月 17 日—18 日　中央巡视工作动员暨培训会
议举行。王岐山讲话。十八届中央共开展 12 轮巡视,

巡视 277 个地方、单位党组织,对 16 个省区市开展"回头看",对 4 个单位进行"机动式"巡视,实现对省区市和新疆生产建设兵团、中央和国家机关、国有重要骨干企业、中央金融单位和中管高校的巡视全覆盖。巡视工作聚焦坚持党的领导、加强党的建设、全面从严治党,以"四个意识"为政治标杆,以党章党纪党规为尺子,坚定"四个自信",查找政治偏差,充分发挥政治"显微镜"和政治"探照灯"作用。

5 月 19 日——27 日 李克强对印度、巴基斯坦、瑞士、德国进行正式访问。

5 月 27 日 全国纪检监察系统开展会员卡专项清退活动电视电话会议举行。王岐山讲话。6 月 20 日,81 万名专兼职纪检监察干部全部按时递交会员卡零持有报告书。

5 月 31 日 国务院常务会议围绕转变政府职能通过一批法律修正案草案和废止、修改部分行政法规的决定。至 2017 年 8 月,为转变政府职能、推动"简政放权、放管结合、优化服务"改革,全国人大常委会共修改有关法律 54 部,国务院废止行政法规 6 部、修改行政法规 125 部。

5月31日—6月8日 习近平对特立尼达和多巴哥、哥斯达黎加、墨西哥进行国事访问,在特多同加勒比9个建交国领导人举行会晤并在美国举行中美元首会晤。6月7日至8日,在加利福尼亚州安纳伯格庄园同美国总统奥巴马会晤,双方同意共同构建中美新型大国关系,相互尊重,合作共赢,造福两国人民和世界人民。

2013年6月

6月11日—26日 搭载着聂海胜、张晓光、王亚平3位航天员的神舟十号载人飞船成功发射并顺利返回着陆。在轨飞行期间,神舟十号与天宫一号目标飞行器成功进行自动和手控交会对接,并首次开展中国航天员太空授课活动。

6月13日 习近平会见中国国民党荣誉主席吴伯雄,提出坚持从中华民族整体利益的高度把握两岸关系大局、坚持在认清历史发展趋势中把握两岸关系前途等4点意见。

6月17日—20日 中国共产主义青年团第十七次全国代表大会举行。刘云山代表中共中央致祝词。

20日,习近平同团中央新一届领导班子成员集体谈话,强调共青团要紧跟党走在时代前列、走在青年前列,团结带领广大青年在实现中华民族伟大复兴的征途中续写新的光荣。

6月21日 海峡两岸关系协会与台湾海峡交流基金会在上海签署《海峡两岸服务贸易协议》。

6月28日—29日 全国组织工作会议举行。习近平强调,实现党的十八大确定的各项目标任务,进行具有许多新的历史特点的伟大斗争,关键在党,关键在人,并明确提出信念坚定、为民服务、勤政务实、敢于担当、清正廉洁的新时期好干部标准。刘云山讲话。

6月29日 十二届全国人大常委会第三次会议通过《中华人民共和国特种设备安全法》。

2013年7月

7月4日 国务院印发《关于加快棚户区改造工作的意见》,提出2013年至2017年改造各类棚户区1000万户。2015年6月,国务院印发文件,提出棚改3年计划,即从2015年至2017年,改造各类棚户区住房1800万套。2017年5月,国务院确定实施2018年

至 2020 年 3 年棚改攻坚计划,再改造各类棚户区住房
1500 万套。

7 月 9 日、16 日　李克强在广西南宁和北京分别
主持召开经济形势座谈会,明确提出区间调控思路。
此后,在 2014 年和 2015 年的经济形势座谈会上,又相
继提出实施定向调控和相机调控。

7 月 14 日　中共中央办公厅、国务院办公厅印发
《关于党政机关停止新建楼堂馆所和清理办公用房的
通知》。2013 年,中共中央办公厅、国务院办公厅印发
的文件还有《关于依法处理涉法涉诉信访问题的意
见》《关于创新群众工作方法解决信访突出问题的意
见》等。

7 月 19 日—21 日　生态文明贵阳国际论坛 2013
年年会举行。习近平致贺信,强调中国将同世界各国
携手共建生态良好的地球美好家园。张高丽出席开幕
式并讲话。

7 月 20 日　中国人民银行决定,除个人住房贷款
利率浮动区间暂不调整外,金融机构贷款利率管制全
面放开。2015 年 10 月 24 日,中国人民银行决定取消
对商业银行和农村合作金融机构等的存款利率浮动上

限。至此,中国的利率市场化改革取得关键性进展。

7月29日 中共中央印发《关于废止和宣布失效一批党内法规和规范性文件的决定》。2014年10月24日,中共中央印发《关于再废止和宣布失效一批党内法规和规范性文件的决定》。这两个决定分别对1978年至2012年6月、新中国成立至1977年出台的中央党内法规和规范性文件进行集中清理,共全面筛查2.3万多件中央文件,梳理出1178件中央党内法规和规范性文件,废止322件、宣布失效369件。这在党的历史上是第一次。2015年、2016年,国务院也开展了文件清理工作,共宣布995件国务院文件失效。

2013年8月

8月17日 国务院正式批准设立中国(上海)自由贸易试验区。至2017年,自贸试验区试点已扩大至广东、天津、福建、辽宁、浙江、河南、湖北、重庆、四川、陕西等地。

8月19日—20日 全国宣传思想工作会议举行。习近平强调,宣传思想工作一定要把围绕中心、服务大局作为基本职责,胸怀大局、把握大势、着眼大事;要巩固马克思主义在意识形态领域的指导地位,巩固全党全国人民团结奋斗的共同思想基础。刘云山讲话。

8月22日—26日 山东省济南市中级人民法院一审公开开庭审理薄熙来受贿、贪污、滥用职权一案,并于9月22日作出一审判决。10月25日,山东省高级人民法院终审判决薄熙来无期徒刑,剥夺政治权利终身,并处没收个人全部财产。

2013年9月

9月2日 中共中央纪委监察部网站正式开通,并开设全国纪检监察机关12388举报窗口。王岐山调研网站建设并开通网站。

9月3日 中共中央纪委和中央党的群众路线教育实践活动领导小组印发《关于落实中央八项规定精神坚决刹住中秋国庆期间公款送礼等不正之风的通知》。11月21日,中央纪委再次印发《关于严禁元旦春节期间公款购买赠送烟花爆竹等年货节礼的通知》。12月15日,中央纪委印发《关于10起违反中央八项规定精神典型问题的通报》,要求各级领导机关、领导干部不折不扣地执行中央纪委有关严禁公款购买赠送贺年卡、烟花爆竹等年货节礼通知要求,令行禁止,带头正风肃纪,自觉接受监督。

9月3日—13日 习近平对土库曼斯坦、哈萨克斯坦、乌兹别克斯坦、吉尔吉斯斯坦进行国事访问,并出席在俄罗斯圣彼得堡举行的二十国集团领导人第八次峰会、在吉尔吉斯斯坦比什凯克举行的上海合作组织成员国元首理事会第十三次会议。5日,在二十国集团领导人峰会上发表《共同维护和发展开放型世界经济》的主旨讲话。7日,在哈萨克斯坦纳扎尔巴耶夫大学发表演讲,提出共同建设"丝绸之路经济带"的倡议。

9月10日 国务院印发《大气污染防治行动计划》。2015年4月2日,印发《水污染防治行动计划》。2016年5月28日,印发《土壤污染防治行动计划》。至此,针对我国面临的大气、水、土壤环境污染问题的3个行动计划全部制定出台。

9月11日 国务院食品安全委员会召开第一次全体会议,研究食品安全监管政策措施。张高丽讲话。

9月18日 京津冀及周边地区大气污染防治工作会议举行,对北京、天津、河北、山西、内蒙古、山东等

6个省区市加快推进大气污染综合治理工作进行动员和部署。张高丽讲话。

9月25日 中共中央、国务院印发《关于地方政府职能转变和机构改革的意见》。

9月26日 习近平会见第四届全国道德模范及提名奖获得者,强调要深入开展学习宣传道德模范活动,为实现中华民族伟大复兴的中国梦凝聚起强大的精神力量和有力的道德支撑。刘云山出席座谈会并讲话。

2013年10月

10月2日—8日 习近平对印度尼西亚、马来西亚进行国事访问,并出席在印度尼西亚巴厘岛举行的亚太经合组织第二十一次领导人非正式会议。2日,在雅加达同印度尼西亚总统苏西洛会谈,倡议筹建亚洲基础设施投资银行。3日,在印度尼西亚国会发表演讲,提出共同建设"21世纪海上丝绸之路"的倡议。

10月10日—16日 中共中央纪委、中央组织部、国家行政学院首次举办省部级领导干部廉洁从政研修班。16日,王岐山出席研修班座谈会并讲话。

10月18日—22日 中国工会第十六次全国代表大会举行。刘云山代表中共中央致祝词。23日，习近平同中华全国总工会新一届领导班子成员集体谈话，强调工会要竭诚为职工群众服务，切实维护职工群众权益，为实现中国梦再创新业绩、再建新功勋。

10月19日 中共中央组织部印发《关于进一步规范党政领导干部在企业兼职（任职）问题的意见》。此后，中共中央组织部等部门还印发《配偶已移居国（境）外的国家工作人员任职岗位管理办法》《关于严禁超职数配备干部的通知》《关于加强干部选拔任用工作监督的意见》等文件，连续集中开展违反干部任用标准和程序、领导干部违规兼职、"裸官"等重点整治工作。

10月21日 欧美同学会成立100周年庆祝大会举行。习近平提出支持留学、鼓励回国、来去自由、发挥作用的新时期留学人员工作方针，希望广大留学人员脚踏着祖国大地，胸怀着人民期盼，为实现中华民族伟大复兴的中国梦书写出无愧于时代、无愧于人民、无愧于历史的绚丽篇章。

10月22日 全国政协召开第一次双周协商座谈

会,就如何统筹稳增长、调结构、促改革,保持经济发展良好势头议政建言。俞正声主持并讲话。双周协商座谈会是在继承"双周座谈会"历史传统基础上创设的新的协商形式。至 2017 年 9 月,十二届全国政协共召开 74 次双周协商座谈会。

同日 中共中央印发《关于印发〈科学发展观学习纲要〉的通知》。2013 年,中共中央印发的文件还有《中央党内法规制定工作五年规划纲要(2013 — 2017 年)》《建立健全惩治和预防腐败体系 2013 — 2017 年工作规划》等。

10 月 24 日—25 日 中共中央首次召开周边外交工作座谈会。习近平强调,要坚持与邻为善、以邻为伴,突出体现亲、诚、惠、容的理念,为我国发展争取良好周边环境。会议确定此后 5 年至 10 年周边外交工作的战略目标、基本方针、总体布局。

10 月 28 日—31 日 中国妇女第十一次全国代表大会举行。王岐山代表中共中央致祝词。31 日,习近平同全国妇联新一届领导班子成员集体谈话,强调必须坚持男女平等基本国策,充分发挥我国妇女伟大作用,为实现"两个一百年"奋斗目标、实现中华民族伟大复兴的中国梦而奋斗。

2013 年 11 月

11 月 3 日—5 日 习近平在湖南湘西、长沙等地考察，首次提出"精准扶贫"理念，强调抓扶贫开发，既要整体联动、有共性的要求和措施，又要突出重点、加强对特困村和特困户的帮扶。2015 年 6 月 18 日，习近平在贵州召开部分省区市党委主要负责同志座谈会，进一步提出扶持对象精准、项目安排精准、资金使用精准、措施到户精准、因村派人精准、脱贫成效精准等 6 个方面的精准扶贫要求。

11 月 4 日—8 日 第一期省部级干部学习贯彻习近平总书记系列讲话精神研讨班举行。刘云山强调，要以高度的政治自觉抓好习近平总书记系列重要讲话的学习贯彻，切实把思想和行动统一到讲话精神上来。从 2013 年 11 月到 2014 年 4 月，中共中央组织部和中央党校共举办 7 期省部级干部学习贯彻习近平总书记系列重要讲话精神研讨班，连同参加常规培训的共有 2300 多名在职省部级干部参加集中学习轮训。

11 月 9 日—12 日 中共十八届三中全会举行。

习近平代表中央政治局向全会报告工作,就《中共中央关于全面深化改革若干重大问题的决定(讨论稿)》作说明,并发表讲话。全会审议通过《中共中央关于全面深化改革若干重大问题的决定》。全会强调,全面深化改革的总目标是完善和发展中国特色社会主义制度,推进国家治理体系和治理能力现代化;要求到2020年,在重要领域和关键环节改革上取得决定性成果,形成系统完备、科学规范、运行有效的制度体系,使各方面制度更加成熟更加定型。全会指出,经济体制改革核心问题是处理好政府和市场的关系,使市场在资源配置中起决定性作用和更好发挥政府作用。

11月15日 南水北调东线一期工程正式通水。2014年12月12日,中线一期工程正式通水。

11月20日—21日 第十六次中国—欧盟领导人会晤在北京举行。习近平会见欧洲理事会主席范龙佩和欧盟委员会主席巴罗佐,强调要准确定位中欧全面战略伙伴关系,实现中欧合作创新发展。李克强同范龙佩、巴罗佐共同主持会晤。双方发表《中欧合作2020战略规划》。

11月23日 中国政府宣布划设东海防空识

别区。

11 月 29 日 国家统计局发布的《关于 2013 年粮食产量的公告》显示，2013 年全国粮食总产量 60193.5 万吨，首次突破 60000 万吨大关，实现 10 年连续增产。

2013 年 12 月

12 月 2 日 嫦娥三号探测器发射成功。15 日，首次实现我国航天器在地外天体软着陆和巡视勘察，标志着我国探月工程全面实现第二步战略目标。

12 月 2 日—4 日 英国首相卡梅伦对中国进行正式访问。习近平会见卡梅伦，强调要规划好中英关系未来，推动两国合作长期健康发展。李克强同卡梅伦举行中英总理年度会晤。张德江会见卡梅伦。

12 月 10 日—13 日 中央经济工作会议举行。习近平分析当前国内外经济形势，总结 2013 年经济工作，提出 2014 年经济工作的总体要求和主要任务。李克强对 2014 年经济工作作出具体部署并作总结讲话。会议强调，要坚持稳中求进工作总基调，把改革创新贯穿于经济社会发展各个领域各个环节，保持宏观经济政策连续性和稳定性，着力激发市场活力，加快转方式调结构,加强基本公共服务体系建设,着力改善民生,切实提高经济发展质量和效益,促进经济持续健康发展、社会和谐稳定。

12 月 11 日 中共中央办公厅印发《关于培育和践行社会主义核心价值观的意见》。25 日,中共中央办公厅、国务院办公厅印发《关于进一步把社会主义核心价值观融入法治建设的指导意见》。

12 月 12 日—13 日 中央城镇化工作会议举行。习近平分析城镇化发展形势,明确提出推进城镇化的指导思想、主要目标、基本原则、重点任务。李克强就推进城镇化作出具体部署并作总结讲话。会议提出以人为本、优化布局、生态文明、传承文化等基本原则,明确推进农业转移人口市民化、提高城镇建设用地利用效率、建立多元可持续的资金保障机制、优化城镇化布局和形态、提高城镇建设水平、加强对城镇化的管理等 6 项主要任务。这是改革开放以来中央召开的第一次城镇化工作会议。2014 年 3 月 12 日,中共中央、国务院印发《国家新型城镇化规划(2014 — 2020 年)》。2016 年 2 月 2 日,国务院印发《关于深入推进新型城镇化建设的若干意见》。

12 月 21 日 中共中央、国务院印发《关于调整完善生育政策的意见》，提出单独两孩的政策。2015 年12 月 31 日，中共中央、国务院印发《关于实施全面两孩政策改革完善计划生育服务管理的决定》。2016 年1 月 1 日，修改后的《中华人民共和国人口与计划生育法》正式实施，明确国家提倡一对夫妻生育两个子女。

12 月 23 日—24 日 中央农村工作会议举行。习近平阐述推进农村改革发展若干具有方向性和战略性的重大问题。李克强就重点任务作出具体部署。2014 年 1 月 2 日，中共中央、国务院印发《关于全面深化农村改革加快推进农业现代化的若干意见》，提出抓紧构建新形势下以我为主、立足国内、确保产能、适度进口、科技支撑的国家粮食安全战略。

12 月 26 日 中共中央举行纪念毛泽东同志诞辰120 周年座谈会。习近平科学评价毛泽东同志和毛泽东思想的历史功绩和历史地位，系统论述毛泽东思想活的灵魂的基本内涵和时代要求，强调必须毫不动摇走党和人民在长期实践探索中开辟出来的正确道路，把中国特色社会主义伟大事业继续推向前进。

12 月 28 日 十二届全国人大常委会第六次会议

通过《关于废止有关劳动教养法律规定的决定》。

12月30日 中共中央政治局会议决定成立中央全面深化改革领导小组，习近平任组长，李克强、刘云山、张高丽任副组长。2014年1月22日，中央全面深化改革领导小组召开第一次会议。习近平强调，要把握大局、审时度势、统筹兼顾、科学实施，坚定不移朝着全面深化改革目标前进。会议决定下设经济体制和生态文明体制改革、民主法制领域改革、文化体制改革、社会体制改革、党的建设制度改革、纪律检查体制改革6个专项小组。至2017年8月，中央全面深化改革领导小组共召开38次会议，审议通过一大批重要改革文件，中央和国家机关有关部门推出1500多项改革举措，主要领域四梁八柱性质的改革主体框架已经基本确立。

2014 年

2014 年 1 月

1 月 7 日—8 日　中央政法工作会议举行。习近平强调,要把维护社会大局稳定作为基本任务,把促进社会公平正义作为核心价值追求,把保障人民安居乐业作为根本目标,坚持严格执法公正司法,深化司法体制改革,加强和改进政法工作。

1 月 13 日—15 日　十八届中央纪委三次全会举行。习近平强调,要强化反腐败体制机制创新和制度保障,严明党的纪律,坚持不懈纠正"四风",保持惩治腐败高压态势。王岐山作工作报告。

1 月 14 日　中共中央印发修订后的《党政领导干部选拔任用工作条例》。

1 月 21 日　国务院印发《国家集成电路产业发展推进纲要》。2014 年,国务院印发的文件还有《关于建立统一的城乡居民基本养老保险制度的意见》《关于改进加强中央财政科研项目和资金管理的若干意见》《关于进一步优化企业兼并重组市场环境的意见》《关于进一步促进资本市场健康发展的若干意见》《关于促进市场公平竞争维护市场正常秩序的若干意见》《关于进一步做好为农民工服务工作的意见》《关于加强地方政府性债务管理的意见》《关于加强审计工作的意见》《关于扶持小型微型企业健康发展的意见》《关于促进慈善事业健康发展的指导意见》《关于改革和完善中央对地方转移支付制度的意见》等。国务院公布的行政法规有《社会救助暂行办法》《事业单位人事管理条例》《不动产登记暂行条例》等。

1月24日 中共中央政治局会议研究决定中央国家安全委员会设置,习近平任主席,李克强、张德江任副主席。4月15日,中央国家安全委员会召开第一次会议。习近平强调,要坚持总体国家安全观,走出一条中国特色国家安全道路。

2014年2月

2月7日 习近平出席在俄罗斯索契举行的第二

十二届冬奥会开幕式,这是中国国家元首首次出席在境外举行的大型国际体育赛事开幕式。在本届冬奥会上,中国体育代表团获得 3 枚金牌、4 枚银牌、2 枚铜牌,居金牌榜第十二位。此前,6 日,习近平会见俄罗斯总统普京,两国元首共同与参加叙利亚化学武器海运联合护航的中俄军舰指挥员视频通话。

同日 国务院印发《注册资本登记制度改革方案》,明确"实缴制"改为"认缴制",企业年检制度改为年报公示制度。

2 月 11 日 国务院台湾事务办公室与台湾方面大陆委员会负责人在江苏南京举行首次正式会面。6 月 25 日,两岸事务主管部门负责人在台湾桃园举行第二次会面。这标志着两岸事务主管部门建立常态化联系沟通机制。

2 月 17 日—21 日 省部级主要领导干部学习贯彻十八届三中全会精神全面深化改革专题研讨班举行。习近平强调,要完善和发展中国特色社会主义制度、推进国家治理体系和治理能力现代化。李克强、刘云山、张高丽作报告。

2 月 18 日 习近平会见中国国民党荣誉主席连

战,希望两岸双方秉持"两岸一家亲"的理念,共圆中华民族伟大复兴的中国梦。

2月24日 国家统计局发布的2013年国民经济和社会发展统计公报显示,我国第三产业增加值比重首次超过第二产业,达到46.1%。2016年2月29日发布的2015年国民经济和社会发展统计公报显示,我国第三产业增加值比重为50.5%,首次突破50%。

2月26日 习近平听取京津冀协同发展专题汇报,强调实现京津冀协同发展是重大国家战略。此前,2013年8月,习近平在北戴河主持会议研究河北发展问题,提出推动京津冀协同发展。

2月27日 中央网络安全和信息化领导小组召开第一次会议。习近平强调,要总体布局,统筹各方,创新发展,努力把我国建设成为网络强国。

同日 十二届全国人大常委会第七次会议通过《关于确定中国人民抗日战争胜利纪念日的决定》和《关于设立南京大屠杀死难者国家公祭日的决定》,将9月3日确定为中国人民抗日战争胜利纪念日,将12月13日设立为南京大屠杀死难者国家公祭日。

2014年3月

3月3日—12日 全国政协十二届二次会议举行。俞正声作全国政协常委会工作报告。

3月5日—13日 十二届全国人大二次会议举行。李克强作政府工作报告。张德江作全国人大常委会工作报告。

3月7日 中央军委印发《关于提高军事训练实战化水平的意见》。

3月8日 马来西亚航空公司MH370航班在从吉隆坡飞往北京的途中失联,机上共有包括154名中国籍乘客在内的239人。习近平立即作出指示,要求全力做好应急处置和中国公民善后工作。李克强作出批示。中国政府投入海、空、天、潜立体力量,尽最大努力参与国际大搜救,全力协助中国籍乘客家属做好善后工作。

3月9日 习近平参加十二届全国人大二次会议安徽代表团审议,提出"三严三实"的要求,强调各级领导干部都要树立和发扬好的作风,既严以修身、严以用权、严以律己,又谋事要实、创业要实、做人要实。

3 月 15 日　中央军委深化国防和军队改革领导小组召开第一次全体会议。习近平强调，要坚持用强军目标审视改革、以强军目标引领改革、围绕强军目标推进改革，确保深化国防和军队改革工作起好步、开好局。

同日　中共中央决定对徐才厚涉嫌违纪问题进行组织调查。6 月 30 日，中央政治局会议决定给予徐才厚开除党籍处分，对其涉嫌受贿犯罪问题及线索移送最高人民检察院授权军事检察机关依法处理。中央军委决定开除徐才厚军籍、取消其上将军衔。2015 年 3 月 15 日，由于徐才厚病亡，军事检察院对徐才厚作出不起诉决定，其涉嫌受贿犯罪所得依法处理。

3 月 19 日　中共中央办公厅、国务院办公厅印发《关于深化司法体制和社会体制改革的意见》。此后，中共中央政法委出台相关文件，在全国陆续开展以完善司法责任制、完善司法人员分类管理制度、健全司法人员职业保障制度、推动省以下地方法院检察院人财物统一管理为内容的司法责任制改革。

3 月 22 日—4 月 1 日　习近平出席在荷兰海牙举行的第三届核安全峰会，对荷兰、法国、德国、比利时进行国事访问,并访问联合国教科文组织总部、欧盟总部。24 日,在核安全峰会上首次提出理性、协调、并进的核安全观。31 日,在欧盟总部访问时提出共同打造中欧和平、增长、改革、文明四大伙伴关系。这是中欧建交以来中国国家元首对欧盟总部的首次访问。

3 月 28 日　437 位在韩中国人民志愿军烈士遗骸回归祖国。张高丽在沈阳出席在韩中国人民志愿军烈士遗骸回国迎接仪式并讲话。至 2017 年 3 月,中韩已交接四批在韩志愿军烈士遗骸。

2014 年 4 月

4 月 10 日　中央军委印发《关于贯彻落实军委主席负责制建立和完善相关工作机制的意见》。

4 月 24 日　十二届全国人大常委会第八次会议通过修订后的《中华人民共和国环境保护法》。

4 月 28 日　李克强在重庆召集沿江 11 个省(市)政府主要负责人座谈,研究依托黄金水道建设长江经济带问题。9 月 12 日,国务院印发《关于依托黄金水道推动长江经济带发展的指导意见》。

2014 年 5 月

5 月 2 日　国务院印发《关于加快发展现代职业教育的决定》。6 月 23 日至 24 日,国务院召开全国职业教育工作会议。

5 月 4 日—11 日　李克强对埃塞俄比亚和非洲联盟总部、尼日利亚、安哥拉、肯尼亚进行正式访问,并出席在尼日利亚阿布贾举行的第二十四届世界经济论坛非洲峰会全会。

5 月 7 日　习近平会见亲民党主席宋楚瑜,指出推动两岸关系和平发展的方针政策不会改变,促进两岸交流合作、互利共赢的务实举措不会放弃,团结台湾同胞共同奋斗的真诚热情不会减弱,制止"台独"分裂图谋的坚强意志不会动摇。

5 月 9 日—10 日　习近平在河南开封、郑州等地考察工作,首次提出"新常态"重要论断,强调要从当前我国经济发展的阶段性特征出发,适应新常态,保持战略上的平常心态。

5 月 19 日　纪检监察机关"转职能、转方式、转作风"专题研讨班举行。王岐山讲话。

5月21日　亚洲相互协作与信任措施会议第四次峰会在上海举行。习近平主持峰会并发表《积极树立亚洲安全观,共创安全合作新局面》的主旨讲话。峰会发表《上海宣言》。

同日　国务院常务会议确定分步建设172项重大水利工程。至2017年8月,已开工115项。

5月28日　中共中央办公厅印发《中国共产党发展党员工作细则》。2014年,中共中央办公厅印发的文件还有《深化党的建设制度改革实施方案》等。

5月28日—29日　第二次中央新疆工作座谈会举行。习近平强调,社会稳定和长治久安是新疆工作的总目标,要坚持依法治疆、团结稳疆、长期建疆,团结各族人民建设社会主义新疆。李克强、俞正声讲话。

5月30日　国务院常务会议决定开展第一次大督查,对已出台政策措施落实情况进行全面督查和问责。此后,国务院每年开展1次大督查。

2014年6月

6月5日　中国—阿拉伯国家合作论坛第六届部长级会议在北京举行。习近平出席开幕式并发表《弘扬丝路精神,深化中阿合作》的讲话。

6月9日—13日 中国科学院第十七次院士大会、中国工程院第十二次院士大会举行。习近平强调,要实施创新驱动发展战略,坚定不移走中国特色自主创新道路,坚持自主创新、重点跨越、支撑发展、引领未来的方针,加快创新型国家建设步伐。

6月10日 国务院新闻办发表《"一国两制"在香港特别行政区的实践》白皮书。这是中央政府第一次发表关于"一国两制"及香港问题的白皮书。

6月14日 经中共中央批准,中央纪委对苏荣进行立案审查。2015年2月12日,中央政治局会议决定给予苏荣开除党籍、开除公职处分,将其涉嫌犯罪问题及线索移送司法机关依法处理。2017年1月23日,山东省济南市中级人民法院依法对苏荣受贿、滥用职权、巨额财产来源不明案进行一审公开宣判,决定执行无期徒刑,剥夺政治权利终身,并处没收个人全部财产。

6月25日 中共中央、国务院印发《关于加强禁毒工作的意见》。9月29日,全国禁毒工作会议决定,从2014年10月至2015年3月,在公安部确定的108

个重点城市开展为期半年的百城禁毒会战。会战期间,全国共破获毒品犯罪案件 11.5 万余起,缴获毒品 43.3 吨。

6 月 27 日　中央决定设立中央反腐败协调小组国际追逃追赃工作办公室。2015 年 3 月 26 日,中央反腐败协调小组国际追逃追赃工作办公室首次启动针对外逃腐败分子的"天网"行动;4 月 22 日,国际刑警组织中国国家中心局集中公布 100 名涉嫌犯罪外逃国家工作人员、重要腐败案件涉案人等人员的红色通缉令。至 2017 年 8 月 31 日,通过"天网行动"先后从 90 多个国家和地区追回外逃人员 3339 人,其中国家工作人员 628 人,"百名红通人员"44 人,追回赃款 93.6 亿元。

6 月 28 日　和平共处五项原则发表 60 周年纪念大会在北京举行。习近平发表主旨讲话,强调要弘扬和平共处五项原则,建设合作共赢美好世界。

6 月 30 日　中共中央政治局会议审议通过《深化财税体制改革总体方案》。

2014 年 7 月

7 月 3 日—4 日　习近平对韩国进行国事访问。

7月9日　习近平出席在北京举行的第六轮中美战略与经济对话和第五轮中美人文交流高层磋商联合开幕式,并发表《努力构建中美新型大国关系》的致辞。

7月12日　中共中央办公厅、国务院办公厅印发《关于全面推进公务用车制度改革的指导意见》和《中央和国家机关公务用车制度改革方案》。至2015年12月,中央和国家机关本级公车改革工作全面完成。至2017年上半年,除西藏、新疆和新疆生产建设兵团外,其他29个省份党政机关公务用车改革工作基本完成。

7月15日—23日　习近平出席在巴西福塔莱萨举行的金砖国家领导人第六次会晤,对巴西、阿根廷、委内瑞拉和古巴进行国事访问,并出席中国—拉美和加勒比国家领导人会晤。15日,在金砖国家领导人会晤时决定成立金砖国家新开发银行并将总部设在上海,建立金砖国家应急储备安排。17日,在中国—拉美和加勒比国家领导人会晤时决定成立中国—拉美和加勒比国家共同体论坛。

7月24日　国务院印发《关于进一步推进户籍制

度改革的意见》,提出全面放开建制镇和小城市落户限制,有序放开中等城市落户限制,合理确定大城市落户条件,严格控制特大城市人口规模,努力实现1亿左右农业转移人口和其他常住人口在城镇落户。11月17日,国务院召开全国进一步推进户籍制度改革工作电视电话会议。张高丽讲话。

7月26日 海南省三沙市永兴(镇)工委、管委会在永兴岛揭牌成立,标志着三沙市西沙岛礁基层政权的建立。

7月29日 中共中央决定对周永康严重违纪问题立案审查。12月5日,中央政治局会议决定给予周永康开除党籍处分,对其涉嫌犯罪问题及线索移送司法机关依法处理。2015年6月11日,天津市第一中级人民法院依法对周永康受贿、滥用职权、故意泄露国家秘密案进行一审宣判,决定执行无期徒刑,剥夺政治权利终身,并处没收个人财产。

2014年8月

8月3日 云南省昭通市鲁甸县发生6.5级地震,给当地人民生命财产造成重大损失。习近平立即作出指示,要求全力投入抗震救灾。李克强作出批示,并赴灾区指挥抗震救灾工作。在中共中央、国务院、中央军委领导下,广大军民团结奋战,夺取了抗震救灾斗争胜利。11月4日,国务院印发《鲁甸地震灾后恢复重建总体规划》《关于支持鲁甸地震灾后恢复重建政策措施的意见》。至2016年2月,鲁甸震区民房重建全面完成。

8月10日 我国派出的赴西非抗击埃博拉疫情专家组启程。埃博拉出血热疫情爆发后,我国开展了新中国成立以来最大规模的卫生援外行动,向疫区三国共派出1200多名医护人员和公共卫生专家,并实现援非抗疫"打胜仗、零感染"的目标。

8月20日 中共中央举行纪念邓小平同志诞辰110周年座谈会。习近平高度评价邓小平同志和邓小平理论的历史地位和历史功绩,深刻阐述邓小平同志的崇高精神风范,号召全党坚定中国特色社会主义道路自信、理论自信、制度自信,在实现"两个一百年"奋斗目标、实现中华民族伟大复兴中国梦的征程上奋勇前进。

8月21日—22日 习近平对蒙古国进行国事访

问。21 日,在乌兰巴托同蒙古国总统额勒贝格道尔吉会谈,一致决定将中蒙关系提升为全面战略伙伴关系。

8 月 24 日 国务院公布第一批 80 处国家级抗战纪念设施、遗址名录。29 日,民政部公布第一批 300 名著名抗日英烈和英雄群体名录。2015 年 8 月 13 日,国务院公布第二批 100 处国家级抗战纪念设施、遗址名录。2015 年 8 月 24 日,民政部公布第二批 600 名著名抗日英烈和英雄群体名录。

8 月 31 日 十二届全国人大常委会第十次会议通过《关于香港特别行政区行政长官普选问题和 2016 年立法会产生办法的决定》。

2014 年 9 月

9 月 3 日 国务院印发《关于深化考试招生制度改革的实施意见》,提出到 2020 年基本建立中国特色现代教育考试招生制度,形成分类考试、综合评价、多元录取的考试招生模式。

9 月 5 日 中共中央、全国人大常委会举行庆祝全国人民代表大会成立 60 周年大会。习近平强调,要高举人民民主的旗帜,毫不动摇坚持人民代表大会制度,也要与时俱进完善人民代表大会制度,坚定不移走中国特色社会主义政治发展道路,继续推进社会主义民主政治建设、发展社会主义政治文明。

9月11日—19日 习近平出席在塔吉克斯坦杜尚别举行的上海合作组织成员国元首理事会第十四次会议,并对塔吉克斯坦、马尔代夫、斯里兰卡、印度进行国事访问。

9月13日 第十三届精神文明建设"五个一工程"表彰座谈会举行,《中国合伙人》等186部作品获奖。2017年9月27日,第十四届精神文明建设"五个一工程"表彰座谈会举行,《将改革进行到底》等67部作品获奖。

9月19日 中共中央办公厅、国务院办公厅印发《关于推动传统媒体和新兴媒体融合发展的指导意见》。2014年,中共中央办公厅、国务院办公厅印发的文件还有《关于加强中国特色新型智库建设的意见》等。

9月19日—10月4日 中国体育代表团在韩国仁川举行的第十七届亚运会上获得151枚金牌、108枚银牌、83枚铜牌,居金牌榜和奖牌榜第一位。

9 月 21 日 中共中央、全国政协举行庆祝中国人民政治协商会议成立 65 周年大会。习近平强调，人民政协要发挥专门协商机构的作用，把协商民主贯穿履行职责全过程；同时深入阐述社会主义协商民主的性质和作用，强调要推进社会主义协商民主广泛多层制度化发展。

9 月 24 日 习近平出席纪念孔子诞辰 2565 周年国际学术研讨会暨国际儒学联合会第五届会员大会，强调从延续民族文化血脉中开拓前进，推进人类各种文明交流交融、互学互鉴。27 日，全球孔子学院建立 10 周年之际，首个"孔子学院日"启动仪式在北京举行。习近平致贺信。

9 月 28 日 《习近平谈治国理政》以中、英、法、俄、阿、西、葡、德、日等 9 个语种、10 个版本向全球出版发行。至 2017 年 9 月，已出版 21 个语种、24 个版本，共发行 642 万册，发行到世界 160 多个国家和地区。此外，为帮助广大党员、干部、群众学习习近平总书记系列重要讲话精神和治国理政新理念新思想新战略，中共中央文献研究室等部门还围绕实现中华民族伟大复兴的中国梦、统筹推进"五位一体"总体布局、协调推进"四个全面"战略布局,相继编辑出版习近平有关论述摘编。

9月28日—29日 中央民族工作会议暨国务院第六次全国民族团结进步表彰大会举行。习近平分析民族工作面临的国内外形势,阐述当前和今后一个时期我国民族工作的大政方针。李克强就加快民族地区发展、促进全面建成小康社会作讲话。俞正声作总结讲话。会议强调,要坚持把维护民族团结和国家统一作为各民族最高利益,把各族人民智慧和力量最大限度凝聚起来,同心同德为实现"两个一百年"奋斗目标、实现中华民族伟大复兴的中国梦而奋斗。10月12日,中共中央、国务院印发《关于加强和改进新形势下民族工作的意见》。

9月30日 习近平、李克强、张德江、俞正声、刘云山、王岐山、张高丽等在首个"烈士纪念日"之际,同首都各界代表一起出席向人民英雄敬献花篮仪式。此前,8月31日,十二届全国人大常委会第十次会议通过《关于设立烈士纪念日的决定》,将9月30日设立为烈士纪念日。

2014 年 10 月

10 月 9 日—18 日 李克强在德国柏林主持第三轮中德政府磋商并对德国进行正式访问,对俄罗斯进行正式访问并举行中俄总理第十九次定期会晤,对意大利进行正式访问,访问联合国粮农组织总部并出席第十届亚欧首脑会议。

10 月 15 日 习近平主持召开文艺工作座谈会,强调文艺是时代前进的号角,最能代表一个时代的风貌,最能引领一个时代的风气;广大文艺工作者要坚持以人民为中心的创作导向,创作更多无愧于时代的优秀作品。2015 年 10 月 3 日,中共中央印发《关于繁荣发展社会主义文艺的意见》。

10 月 20 日—23 日 中共十八届四中全会举行。习近平代表中央政治局向全会报告工作,就《中共中央关于全面推进依法治国若干重大问题的决定(讨论稿)》作说明,并发表讲话。全会审议通过《中共中央关于全面推进依法治国若干重大问题的决定》,提出全面推进依法治国,总目标是建设中国特色社会主义法治体系,建设社会主义法治国家。这就是,在中国共产党领导下,坚持中国特色社会主义制度,贯彻中国特色社会主义法治理论,形成完备的法律规范体系、高效的法治实施体系、严密的法治监督体系、有力的法治保障体系,形成完善的党内法规体系,坚持依法治国、依法执政、依法行政共同推进,坚持法治国家、法治政府、法治社会一体建设,实现科学立法、严格执法、公正司法、全民守法,促进国家治理体系和治理能力现代化。

10月25日 十八届中央纪委四次全会举行,学习贯彻党的十八届四中全会精神。王岐山讲话。

10月30日—11月2日 全军政治工作会议在福建古田举行。习近平阐明新的历史条件下党从思想上政治上建设军队的重大问题,确立党在强国强军进程中政治建军的大方略,指出军队政治工作的时代主题是,紧紧围绕实现中华民族伟大复兴的中国梦,为实现党在新形势下的强军目标提供坚强政治保证;当前最紧要的是把理想信念、党性原则、战斗力标准、政治工作威信4个带根本性的东西在全军牢固立起来。这是新世纪举行的第一次全军政治工作会议。12月30日,中共中央转发《关于新形势下军队政治工作若干问题的决定》。

2014 年 11 月

11 月 1 日　十二届全国人大常委会第十一次会议通过《中华人民共和国反间谍法》;通过《关于设立国家宪法日的决定》,将 12 月 4 日设立为国家宪法日。

11 月 5 日　中共中央、国务院印发《关于深化中央管理企业负责人薪酬制度改革的意见》。

11 月 6 日　中共中央办公厅、国务院办公厅印发《关于引导农村土地经营权有序流转发展农业适度规模经营的意见》。2016 年 10 月 22 日,中共中央办公厅、国务院办公厅印发《关于完善农村土地所有权承包权经营权分置办法的意见》,要求在 2020 年年底前基本完成相关改革工作任务。

同日　我国首个知识产权法院——北京知识产权法院正式履行法定职责。此前,8 月 31 日,十二届全国人大常委会第十次会议通过《关于在北京、上海、广州设立知识产权法院的决定》。

11 月 8 日　加强互联互通伙伴关系对话会在北京举行。习近平主持并讲话,强调要深化亚洲国家互联互通伙伴关系,共建发展和命运共同体;宣布中国出资 400 亿美元成立丝路基金,为"一带一路"项目建设提供投融资支持。

11 月 10 日—12 日 美国总统奥巴马对中国进行国事访问。习近平同奥巴马会谈,强调把不冲突不对抗、相互尊重、合作共赢的原则落到实处,提出从 6 个重点方向进一步推进中美新型大国关系建设。李克强、张德江分别会见奥巴马。

11 月 11 日 亚太经合组织第二十二次领导人非正式会议在北京举行。习近平主持并讲话,倡导深入推进区域经济一体化,共建互信、包容、合作、共赢的亚太伙伴关系。会议发表《北京纲领:构建融合、创新、互联的亚太——亚太经合组织领导人宣言》和《共建面向未来的亚太伙伴关系——亚太经合组织成立 25 周年声明》,决定启动亚太自由贸易区进程。在 11 月 9 日的亚太经合组织工商领导人峰会开幕式上,习近平发表《谋求持久发展,共筑亚太梦想》的主旨演讲,首次对"新常态"进行系统阐述。此前,11 月 8 日举行的亚太经合组织第 26 届部长级会议通过《北京反腐败宣言》,这是第一个由中国主导起草的国际性的反腐败宣言。

11 月 14 日—23 日　习近平出席在澳大利亚布里斯班举行的二十国集团领导人第九次峰会,对澳大利亚、新西兰、斐济进行国事访问并同建交太平洋岛国领导人举行集体会晤。峰会宣布中国主办 2016 年二十国集团领导人峰会。

11 月 17 日　上海与香港股票市场交易互联互通机制"沪港通"正式启动。2016 年 12 月 5 日,深圳与香港股票市场交易互联互通机制"深港通"正式启动。2017 年 7 月 3 日,内地与香港债券市场互联互通合作机制"债券通"上线试运行。

11 月 19 日—21 日　首届世界互联网大会在浙江乌镇举行。习近平致贺词,强调共同构建和平、安全、开放、合作的网络空间,建立多边、民主、透明的国际互联网治理体系。李克强同出席大会的中外代表座谈。

11 月 28 日—29 日　中央外事工作会议举行。习近平强调,要高举和平、发展、合作、共赢的旗帜,统筹国内国际两个大局,统筹发展安全两件大事,牢牢把握坚持和平发展、促进民族复兴这条主线,维护国家主权、安全、发展利益,为和平发展营造更加有利的国际环境,维护和延长我国发展的重要战略机遇期,为实现

"两个一百年"奋斗目标、实现中华民族伟大复兴的中国梦提供有力保障。

2014 年 12 月

12 月 1 日 我国启动实施煤炭资源税改革,逐步扩大改革范围。2016 年 7 月 1 日起,全面推开资源税从价计征改革,并在河北省试点征收水资源税。

12 月 2 日 中共中央、国务院印发《丝绸之路经济带和 21 世纪海上丝绸之路建设战略规划》,对推进"一带一路"建设工作作出全面部署。2015 年 3 月 28 日,经国务院授权,国家发展改革委、外交部、商务部联合发布《推动共建丝绸之路经济带和 21 世纪海上丝绸之路的愿景与行动》。

12 月 3 日—4 日 全军装备工作会议举行。习近平强调,要加快构建适应履行使命要求的装备体系,为实现强军梦提供强大物质技术支撑。

12 月 7 日 我国自主研制的长征四号乙运载火箭将中国和巴西联合研制的地球资源卫星 04 星发射升空,卫星顺利进入预定轨道。至此,长征系列运载火箭完成第 200 次发射,这标志着我国成为继美、俄之后世界上第三个独立完成双百次宇航发射的国家。

12月9日—11日　中央经济工作会议举行。习近平分析当前国内外经济形势,总结2014年经济工作,提出2015年经济工作的总体要求和主要任务。李克强对2015年经济社会发展重点工作作出具体部署并作总结讲话。会议强调,我国经济正在向形态更高级、分工更复杂、结构更合理的阶段演化,经济发展进入新常态。认识、适应、引领新常态,是当前和今后一个时期我国经济发展的大逻辑。要坚持稳中求进工作总基调,坚持以提高经济发展质量和效益为中心,主动适应经济发展新常态,保持经济运行在合理区间,把转方式调结构放到更加重要位置,狠抓改革攻坚,突出创新驱动,强化风险防控,加强民生保障,促进经济平稳健康发展和社会和谐稳定。

12月13日　南京大屠杀死难者国家公祭仪式在江苏南京举行。习近平强调,和平是需要争取的,和平是需要维护的。只有人人都珍惜和平、维护和平,只有人人都记取战争的惨痛教训,和平才是有希望的。

12月13日—14日　习近平在江苏南京、镇江调研,强调要主动把握和积极适应经济发展新常态,协调推进全面建成小康社会、全面深化改革、全面推进依法治国、全面从严治党,推动改革开放和社会主义现代化建设迈上新台阶。这是首次将"四个全面"并提。

12 月 16 日 第三次全国经济普查主要数据公报发布。这次普查是以 2013 年 12 月 31 日为标准时点开展的。

12 月 18 日 我国第一座钠冷快中子反应堆——中国实验快堆首次实现满功率稳定运行 72 小时,标志着我国全面掌握快堆这一第四代核电技术的设计、建造、调试运行等核心技术。

12 月 19 日—20 日 习近平出席庆祝澳门回归祖国 15 周年大会暨澳门特别行政区第四届政府就职典礼。习近平强调,继续推进"一国两制"事业,必须牢牢把握"一国两制"的根本宗旨,共同维护国家主权、安全、发展利益,保持香港、澳门长期繁荣稳定;必须坚持依法治港、依法治澳,依法保障"一国两制"实践;必须把坚持一国原则和尊重两制差异、维护中央权力和保障特别行政区高度自治权、发挥祖国内地坚强后盾作用和提高港澳自身竞争力有机结合起来,任何时候都不能偏废。

12 月 22 日　中共中央政治局常委会召开会议，决定对令计划立案审查。2015 年 7 月 20 日，中央政治局会议决定给予令计划开除党籍、开除公职处分，对其涉嫌犯罪问题及线索移送司法机关依法处理。2016 年 7 月 4 日，天津市第一中级人民法院依法对令计划受贿、非法获取国家秘密、滥用职权案进行一审宣判，决定执行无期徒刑，剥夺政治权利终身，并处没收个人全部财产。

同日　首支赴南苏丹维和步兵营举行出征誓师大会。这是我国首次派出整建制的步兵营参加联合国维和行动。

12 月 22 日—23 日　中央农村工作会议举行。李克强讲话。2015 年 1 月 1 日，中共中央、国务院印发《关于加大改革创新力度加快农业现代化建设的若干意见》。

12 月 26 日　京津冀协同发展工作推进会议举行，研究京津冀协同发展规划。张高丽主持并讲话。

12 月 28 日　十二届全国人大常委会第十二次会议通过《中华人民共和国航道法》。

同日　全国首个跨行政区划法院、检察院——上海市第三中级人民法院、上海市人民检察院第三分院正式成立。

12月31日　中共中央办公厅印发《关于加强中央纪委派驻机构建设的意见》。2015年3月25日至27日,中共中央纪委首次向中央办公厅、中央组织部、中央宣传部、中央统战部、全国人大机关、国务院办公厅、全国政协机关派驻纪检组。2015年11月20日,中共中央办公厅印发《关于全面落实中央纪委向中央一级党和国家机关派驻纪检机构的方案》,共设置47家派驻机构,实现对139家中央一级党和国家机关派驻纪检机构全覆盖。

2015 年

2015 年 1 月

1 月 1 日　全国 338 个地级及以上城市统一按环境空气质量新标准开展监测,并向社会发布实时监测数据和空气质量指数。

1 月 3 日　国务院印发《关于机关事业单位工作人员养老保险制度改革的决定》,部署从 2014 年 10 月 1 日起对机关事业单位工作人员实行社会统筹与个人账户相结合的基本养老保险制度。

1 月 5 日　中共中央印发《关于加强社会主义协商民主建设的意见》,对新形势下开展政党协商、人大协商、政府协商、政协协商、人民团体协商、基层协商、社会组织协商等作出全面部署,推进社会主义协商民主广泛多层制度化发展。

1 月 8 日—9 日　中国—拉美和加勒比国家共同

体论坛首届部长级会议在北京举行。8日,习近平出席开幕式并发表《共同谱写中拉全面合作伙伴关系新篇章》的讲话。会议通过《中拉论坛首届部长级会议北京宣言》《中国与拉美和加勒比国家合作规划(2015—2019)》等。

1月12日 中共中央办公厅、国务院办公厅印发《关于加快构建现代公共文化服务体系的意见》。2016年12月25日,十二届全国人大常委会第二十五次会议通过《中华人民共和国公共文化服务保障法》。

1月12日—14日 十八届中央纪委五次全会举行。习近平强调,要坚持思想建党和制度治党,严明政治纪律和政治规矩,深化纪律检查体制改革,强化监督执纪问责,坚决遏制腐败现象蔓延势头。王岐山作工作报告。

1月15日 中共中央办公厅、国务院办公厅印发《关于县以下机关建立公务员职务与职级并行制度的意见》。2015年,中共中央办公厅、国务院办公厅印发的文件还有《关于全面深化公安改革若干重大问题的框架意见》《领导干部干预司法活动、插手具体案件处理的记录、通报和责任追究规定》《党政领导干部生态环境损害责任追究办法（试行）》《深化科技体制改革实施方案》《关于推动国有文化企业把社会效益放在首位、实现社会效益和经济效益相统一的指导意见》《关于完善矛盾纠纷多元化解机制的意见》《关于完善国家统一法律职业资格制度的意见》《关于加大脱贫攻坚力度支持革命老区开发建设的指导意见》等。

1月16日 中共中央政治局常委会召开会议，专门听取全国人大常委会、国务院、全国政协、最高人民法院、最高人民检察院党组工作汇报。此后，这成为实现党中央集中统一领导的一项制度性安排。

1月20日—22日 李克强出席在瑞士达沃斯举行的世界经济论坛2015年年会，并对瑞士进行工作访问。21日，在年会上提出中国经济要实现"双中高"，必须开启"双引擎"。

1月23日 中共中央政治局会议审议通过《国家安全战略纲要》。

1月28日 国务院印发《关于加快发展服务贸易的若干意见》。2015年，国务院印发的文件还有《关于加快培育外贸竞争新优势的若干意见》《关于进一步做好新形势下就业创业工作的意见》《关于大力发展电子商务加快培育经济新动力的意见》《关于推进国际产能和装备制造合作的指导意见》《关于大力推进大众创业万众创新若干政策措施的意见》《促进大数据发展行动纲要》《关于国有企业发展混合所有制经济的意见》《关于实行市场准入负面清单制度的意见》《关于进一步做好防范和处置非法集资工作的意见》《关于促进快递业发展的若干意见》《统筹推进世界一流大学和一流学科建设总体方案》《关于改革和完善国有资产管理体制的若干意见》《关于加快实施自由贸易区战略的若干意见》《关于新形势下加快知识产权强国建设的若干意见》等。国务院公布的行政法规有《存款保险条例》《博物馆条例》《居住证暂行条例》《地图管理条例》等。

同日 最高人民法院第一巡回法庭在深圳成立。此后,陆续在沈阳、南京、郑州、重庆、西安设立巡回法庭。

2015 年 2 月

2 月 1 日 推进"一带一路"建设工作会议举行。张高丽主持并讲话。

2月2日—6日 省部级主要领导干部学习贯彻十八届四中全会精神全面推进依法治国专题研讨班举行。习近平系统阐述全面建成小康社会、全面深化改革、全面依法治国、全面从严治党的战略布局，强调要把全面依法治国放在"四个全面"的战略布局中来把握，抓住领导干部这个"关键少数"，带动全党全国共同全面推进依法治国。

2月6日 推动长江经济带发展工作会议举行。张高丽主持并讲话。

2月8日 中共中央、国务院印发《国有林场改革方案》和《国有林区改革指导意见》。2015年，中共中央、国务院印发的文件还有《关于进一步深化电力体制改革的若干意见》《关于构建和谐劳动关系的意见》《关于加快推进生态文明建设的意见》《关于构建开放型经济新体制的若干意见》《京津冀协同发展规划纲要》《生态文明体制改革总体方案》《关于推进价格机制改革的若干意见》《法治政府建设实施纲要（2015—2020年）》《关于落实发展新理念加快农业现代化实现全面小康目标的若干意见》等。

2月21日 中央军委印发《关于新形势下深入推

进依法治军从严治军的决定》。

2015年3月

3月3日—13日 全国政协十二届三次会议举行。俞正声作全国政协常委会工作报告。

3月5日—15日 十二届全国人大三次会议举行。李克强作政府工作报告。张德江作全国人大常委会工作报告。会议通过《关于修改〈中华人民共和国立法法〉的决定》。

3月7日 国务院批复同意设立中国（杭州）跨境电子商务综合试验区。2016年1月12日，国务院批复同意在天津等12个城市设立跨境电子商务综合试验区。

3月12日 习近平出席十二届全国人大三次会议解放军代表团全体会议，明确提出把军民融合发展上升为国家战略，强调要深入实施军民融合发展战略，努力开创强军兴军新局面。

3月13日 中共中央、国务院印发《关于深化体制机制改革加快实施创新驱动发展战略的若干意见》。2016年1月18日，中共中央、国务院印发《国家创新驱动发展战略纲要》。

3月25日 全国人大常委会正式启动职业教育法执法检查。张德江担任执法检查组组长,带队赴地方开展监督检查。这是第一次由全国人大常委会委员长带队执法检查。

3月26日—29日 博鳌亚洲论坛2015年年会在海南博鳌举行。习近平出席开幕式并发表《迈向命运共同体,开创亚洲新未来》的主旨演讲。

3月29日 正在亚丁湾索马里海域执行护航任务的中国海军护航编队临沂舰搭载首批124名中国公民,从也门亚丁港安全撤离。至4月7日,我国共派出3艘军舰,从也门撤出中国公民621人。

2015年4月

4月1日 东北、内蒙古重点国有林区全部停止天然林商业性采伐。2016年,天然林商业性采伐在全国范围内停止,标志着我国天然林资源从采伐利用转入保护发展的新阶段。

4月9日 中共中央决定对郭伯雄进行组织调查。7月30日,中央政治局会议决定给予郭伯雄开除党籍处分,对其涉嫌严重受贿犯罪问题及线索移送最高人民检察院授权军事检察机关依法处理。2016 年 7 月 25 日,军事法院依法对郭伯雄受贿案进行一审宣判,判处无期徒刑,剥夺政治权利终身,并处没收个人全部财产,剥夺上将军衔。

4 月 10 日 中共中央办公厅印发《关于在县处级以上领导干部中开展"三严三实"专题教育方案》。"三严三实"专题教育是党的群众路线教育实践活动的延展深化,从 4 月底开始在县处级以上领导干部中开展,各级同步进行,着力解决"不严不实"问题。12 月 28 日至 29 日,中央政治局召开专题民主生活会,习近平就中央政治局当好"三严三实"表率提出要求。

4 月 20 日—24 日 习近平对巴基斯坦进行国事访问并出席在印度尼西亚举行的亚非领导人会议和万隆会议 60 周年纪念活动。24 日,在纪念大会上签署《2015 万隆公报》。

4 月 23 日 国务院办公厅印发《关于全面推开县级公立医院综合改革的实施意见》。5 月 6 日,国务院办公厅印发《关于城市公立医院综合改革试点的指导意见》。至 2016 年年底,县级公立医院改革全面推开,城市公立医院改革试点扩大到 200 个城市。

4 月 24 日 十二届全国人大常委会第十四次会议通过修订后的《中华人民共和国食品安全法》和《中华人民共和国广告法》。

4 月 28 日 中共中央、国务院举行庆祝"五一"国际劳动节暨表彰全国劳动模范和先进工作者大会。习近平强调,要弘扬劳模精神,弘扬劳动精神,弘扬我国工人阶级和广大劳动群众的伟大品格,在实现"两个一百年"奋斗目标的伟大征程上再创新的业绩,以劳动托起中国梦。刘云山宣读《中共中央、国务院关于表彰全国劳动模范和先进工作者的决定》。

2015 年 5 月

5 月 1 日 全国法院实行立案登记制,对依法应当受理的案件,做到有案必立、有诉必理,保证当事人诉权。

5 月 4 日 习近平会见中国国民党主席朱立伦,就维护两岸关系和平发展进程、携手建设两岸命运共同体提出 5 点主张。

5 月 7 日 我国自主创新、拥有完整自主知识产权的三代核电技术"华龙一号"全球首堆示范工程开工建设。

5月7日—12日 习近平出席俄罗斯纪念卫国战争胜利70周年庆典并访问俄罗斯、哈萨克斯坦、白俄罗斯。

5月8日 国务院印发《中国制造2025》,提出通过"三步走"实现制造强国的战略目标:第一步,到2025年迈入制造强国行列;第二步,到2035年整体达到世界制造强国阵营中等水平;第三步,到新中国成立100年时综合实力进入世界制造强国前列。

5月12日 国务院召开推进简政放权放管结合职能转变工作电视电话会议。李克强强调,必须坚持简政放权、放管结合、优化服务"三管齐下",深化行政体制改革,切实转变政府职能。

5月14日—16日 印度总理莫迪对中国进行正式访问。习近平在陕西西安会见莫迪,就构建双方更加紧密的发展伙伴关系提出4点建议。李克强、张德江分别同莫迪会谈、会见。

5月18日—20日 中央统战工作会议举行。习近平强调,要巩固和发展最广泛的爱国统一战线,为实现"两个一百年"奋斗目标、实现中华民族伟大复兴的中国梦提供广泛力量支持。俞正声讲话。18日,中共中央印发《中国共产党统一战线工作条例(试行)》。7月30日,中央政治局会议决定设立中央统一战线工作领导小组。

2015年6月

6月1日 重庆东方轮船公司所属"东方之星"号客轮在长江大马洲水道突遇强风暴雨袭击导致翻沉,发生特别重大灾难性事件。习近平立即作出指示,要求全力做好人员搜救工作,同时深刻吸取教训。李克强作出批示并赴现场指挥处置。党和政府迅速组织人员搜救、应急处置和善后处理,并成立事件调查组,进行全面深入的调查取证和责任追究。12月,国务院事件调查组公布调查报告。

6月8日 俞正声主持召开调研协商座谈会,邀请有关民主党派中央、全国工商联负责人和无党派人士代表,就推进"一带一路"建设和制定"十三五"规划建言献策。

6月11日 中共中央印发《中国共产党党组工作

条例（试行）》。2015 年，中共中央印发的文件还有《干部教育培训工作条例》《中国共产党地方委员会工作条例》等。

6 月 12 日 我国自主研发的"海底 60 米多用途钻机"在南海 3109 米海底海试成功。

6 月 22 日 中共中央转发中共全国人大常委会党组《关于加强县乡人大工作和建设的若干意见》。9 月 15 日至 16 日，加强县乡人大工作和建设座谈会举行。张德江讲话。

6 月 28 日—7 月 2 日 李克强出席在比利时布鲁塞尔举行的第十七次中国—欧盟领导人会晤并顺访比利时，对法国进行正式访问并访问经济合作与发展组织总部。

6 月 30 日 习近平会见全国优秀县委书记，要求广大县委书记做政治的明白人、发展的开路人、群众的贴心人和班子的带头人，始终做到心中有党、心中有民、心中有责、心中有戒，努力成为党和人民信赖的好干部。同日，中共中央组织部对在县（市、区、旗）委书记岗位上取得优异成绩的 102 名同志授予全国优秀县委书记称号。

2015 年 7 月

7 月 1 日 十二届全国人大常委会第十五次会议通过《中华人民共和国国家安全法》。

同日 国务院印发《关于积极推进"互联网+"行动的指导意见》，提出"互联网+"创业创新、协同制造、益民服务等 11 个具体行动。2016 年 9 月 25 日，印发《关于加快推进"互联网+政务服务"工作的指导意见》。

7 月 6 日 联合国发布的《2015 年千年发展目标报告》显示，中国极端贫困人口比例 2014 年下降到 4.2%，成为世界上减贫人口最多的国家，也是世界上率先完成联合国千年发展目标的国家。

7 月 6 日—7 日 中央党的群团工作会议举行。习近平强调，工会、共青团、妇联等群团组织要切实保持和增强党的群团工作和群团组织的政治性、先进性、群众性，开创新形势下党的群团工作新局面。刘云山作总结讲话。此前，1 月 8 日，中共中央印发《关于加强和改进党的群团工作的意见》。这次会议后，中共中央办公厅相继印发《全国总工会改革试点方案》《共青团中央改革方案》《全国妇联改革方案》等,部署开展群团改革。

7月8日—10日 习近平出席在俄罗斯乌法举行的金砖国家领导人第七次会晤和上海合作组织成员国元首理事会第十五次会议。9日,在金砖国家领导人会晤时发表《共建伙伴关系,共创美好未来》的主旨讲话。10日,在上合组织成员国元首理事会会议上发表《团结互助,共迎挑战,推动上海合作组织实现新跨越》的讲话。

7月18日 中国人民银行、工业和信息化部联合印发《关于促进互联网金融健康发展的指导意见》,提出一系列鼓励创新、支持互联网金融稳步发展的政策措施。

7月19日 中共中央办公厅印发《推进领导干部能上能下若干规定(试行)》。至2017年5月底,通过问责处理、调整不适宜担任现职干部等6种"下"的渠道,共调整县处级以上干部22355人。

7月31日 国际奥委会第128次全会在马来西亚吉隆坡投票决定,将2022年冬奥会举办权交给北京。12月15日,北京2022年冬奥会和冬残奥会组委会成立大会举行。张高丽强调,要贯彻绿色办奥、共享办奥、开放办奥、廉洁办奥要求,高质量高水平高效率做好冬奥会和冬残奥会筹办工作。

2015年8月

8月1日 国务院印发《全国海洋主体功能区规划》。至此,我国主体功能区战略实现陆域国土空间和海域国土空间的全覆盖。

8月3日 中共中央印发《中国共产党巡视工作条例》。2017年7月1日,中共中央印发修改后的《中国共产党巡视工作条例》。

8月11日 中国人民银行决定改革完善人民币兑美元汇率中间价报价机制,明确中间价报价参考前一天收盘价。12月11日,发布人民币汇率指数,加大参考一篮子货币的力度。2016年2月,形成"收盘汇率+一篮子货币汇率变化"的人民币兑美元汇率中间价形成机制。

8月12日 天津港瑞海公司危险品仓库发生特别重大火灾爆炸事故,人员伤亡和财产损失惨重。习近平立即作出指示,要求全力救治伤员,严肃查处事故责任。李克强作出批示并赴事故现场看望慰问。党和政府迅速组织抢险救援、应急处置和善后处理，并成立事故调查组，进行全面深入的调查取证和责任追究。2016年2月，国务院事故调查组公布调查报告。

8月24日 中共中央、国务院印发《关于深化国有企业改革的指导意见》。以此为统领，陆续出台了有关国有企业分类、发展混合所有制经济、完善国资监管体制、防止国有资产流失、完善法人治理结构等多个配套文件。

8月24日—25日 中央第六次西藏工作座谈会举行。习近平强调，要坚持党的治藏方略和依法治藏、富民兴藏、长期建藏、凝聚人心、夯实基础的重要原则，加快西藏全面建成小康社会步伐，推进西藏和四川云南甘肃青海藏区经济社会发展和长治久安。李克强、俞正声讲话。

8月28日 中共中央办公厅、国务院办公厅印发《关于在部分区域系统推进全面创新改革试验的总体方案》，京津冀、上海、广东、安徽、四川、武汉、西安、沈阳等8个区域被确定为全面创新改革试验区。

8月29日 十二届全国人大常委会第十六次会

议通过《刑法修正案（九）》和修订后的《中华人民共和国大气污染防治法》。

同日 习近平签署主席特赦令,对参加过抗日战争、解放战争等四类服刑罪犯实行特赦。

8月30日 中共中央办公厅、国务院办公厅印发《环境保护督察方案（试行）》。2016年7月6日,张高丽主持召开会议,对第一批中央环境保护督察工作进行部署。至2017年8月,已开展四批中央环境保护督察,实现对全国各省（区、市）督察全覆盖。

8月30日—9月2日 张德江在美国纽约出席第四次世界议长大会,作《倾听人民呼声,建设更加公正民主的世界》的发言。

2015年9月

9月3日 纪念中国人民抗日战争暨世界反法西斯战争胜利70周年大会在北京天安门广场举行。习近平强调,中国将始终走和平发展道路,坚决捍卫中国人民抗日战争和世界反法西斯战争胜利成果,努力为人类作出新的更大的贡献;让我们共同铭记历史所启示的伟大真理:正义必胜! 和平必胜! 人民必胜! 习近平宣布,中国将裁减军队员额 30 万。在随后举行的阅兵仪式上,习近平检阅受阅部队。

9 月 8 日 西藏自治区成立 50 周年庆祝大会在拉萨举行。中共中央、全国人大常委会、国务院、全国政协、中央军委致电祝贺。俞正声讲话。

9 月 19 日 中共中央办公厅印发《关于加强社会组织党的建设的意见(试行)》。2015 年,中共中央办公厅印发的文件还有《党委(党组)意识形态工作责任制实施办法》等。

9 月 22 日—28 日 习近平对美国进行国事访问并出席联合国成立 70 周年系列峰会。25 日,同奥巴马举行会晤,强调要推动中美新型大国关系不断向前发展。26 日,出席联合国发展峰会,倡导公平、开放、全面、创新的发展理念。28 日,出席第七十届联合国大会一般性辩论,强调要继承和弘扬联合国宪章宗旨和原则,构建以合作共赢为核心的新型国际关系,打造人类命运共同体。

9 月 23 日 国务院决定压减《中央定价目录》,具体定价项目从约 100 项减至 20 项,并改进定价方法,规范定价行为,定期修订定价目录。

9 月 24 日—26 日 王岐山在福建主持召开座谈会,强调要全面从严治党,严明党的纪律,把握运用监督执纪"四种形态"。

9 月 30 日 习近平会见来自内蒙古、广西、西藏、宁夏、新疆 5 个自治区的 13 位基层民族团结优秀代表,强调中华民族一家亲,同心共筑中国梦,这是全体中华儿女的共同心愿,也是全国各族人民的共同目标。

2015 年 10 月

10 月 1 日 庆祝中华人民共和国成立 66 周年暨新疆维吾尔自治区成立 60 周年大会在乌鲁木齐举行。中共中央、全国人大常委会、国务院、全国政协、中央军委致电祝贺。俞正声讲话。

同日 全国范围内实施企业工商营业执照、组织机构代码证和税务登记证"三证合一、一照一码"登记制度改革。2017 年 5 月 5 日,国务院办公厅印发《关于加快推进"多证合一"改革的指导意见》,要求"多证合一"改革在 2017 年 10 月 1 日前取得实效。

10 月 5 日 屠呦呦获 2015 年诺贝尔生理学或医学奖。李克强致信国家中医药管理局表示祝贺。

10 月 16 日 2015 减贫与发展高层论坛在北京举行。习近平出席并发表《携手消除贫困,促进共同发展》的主旨演讲。

10 月 18 日 中共中央印发《中国共产党廉洁自律准则》和《中国共产党纪律处分条例》。《准则》和《条例》坚持以党章为根本遵循,坚持问题导向,坚持纪严于法、纪在法前,把从严治党实践成果转化为纪律和道德要求,为党员和党员领导干部树立看得见、摸得着的高标准,划出党组织和党员不可触碰的底线。

10 月 19 日 首届全国大众创业万众创新活动周启动。李克强出席活动周启动仪式并考察主题展区,强调要坚持创新驱动,扎实推进"双创",不断激发市场活力潜力和社会创造力。张高丽出席大众创业万众创新高峰论坛并讲话。

10 月 19 日—23 日 习近平对英国进行国事访问。21 日,同英国首相卡梅伦会谈,决定共同构建中英面向 21 世纪全球全面战略伙伴关系,开启持久、开放、共赢的中英关系"黄金时代"。

10 月 26 日—29 日 中共十八届五中全会举行。习近平代表中央政治局向全会报告工作,就《中共中央关于制定国民经济和社会发展第十三个五年规划的建议（讨论稿）》作说明，并发表讲话。全会审议通过《中共中央关于制定国民经济和社会发展第十三个五年规划的建议》。全会提出全面建成小康社会新的目标要求，强调实现"十三五"时期发展目标，破解发展难题，厚植发展优势，必须牢固树立并切实贯彻创新、协调、绿色、开放、共享的发展理念。

10 月 29 日—30 日 德国总理默克尔对中国进行正式访问。习近平会见默克尔，双方同意保持中德全方位战略伙伴关系健康、稳定、持续向前发展。李克强、张德江分别同默克尔会谈、会见。

10 月 31 日—11 月 2 日 李克强对韩国进行正式访问，并出席在首尔举行的第六次中日韩领导人会议。

2015 年 11 月

11 月 2 日 我国自主研制的 C919 大型客机总装下线。2017 年 5 月 5 日，C919 大型客机首飞成功。这意味着我国成为世界上少数几个拥有研制大型客机能力的国家。

11 月 4 日 十二届全国人大常委会第十七次会

议通过修订后的《中华人民共和国种子法》。

11 月 5 日—7 日 习近平对越南、新加坡进行国事访问。

11 月 7 日 习近平同台湾方面领导人马英九在新加坡会面,就进一步推进两岸关系和平发展交换意见。双方认为应该继续坚持"九二共识"、巩固共同政治基础,坚定走和平发展道路,深化两岸交流合作,增进两岸同胞福祉,共谋中华民族伟大复兴。这是 1949 年以来两岸领导人首次会面。

11 月 10 日 习近平在中央财经领导小组第十一次会议上强调,要在适度扩大总需求的同时,着力加强供给侧结构性改革。

11 月 14 日—19 日 习近平出席在土耳其安塔利亚举行的二十国集团领导人第十次峰会和在菲律宾马尼拉举行的亚太经合组织第二十三次领导人非正式会议。

11 月 23 日 中央军委印发《领导指挥体制改革实施方案》。2016 年 2 月 29 日,全军按新的领导指挥体制运行,实现我军领导指挥体制历史性变革。

11 月 24 日—25 日 第四次中国—中东欧国家领

导人会晤在江苏苏州举行。李克强主持并讲话。会晤发表《中国—中东欧国家合作中期规划》和《中国—中东欧国家合作苏州纲要》。

11 月 24 日—26 日　中央军委改革工作会议举行。习近平强调，要全面实施改革强军战略，坚定不移走中国特色强军之路，建设同我国国际地位相称、同国家安全和发展利益相适应的巩固国防和强大军队。

11 月 25 日　国务院印发《关于进一步完善城乡义务教育经费保障机制的通知》，明确从 2016 年春季学期开始，统一城乡义务教育学校生均公用经费基准定额；从 2017 年春季学期开始，统一城乡义务教育学生"两免一补"政策。

11 月 27 日、28 日　《〈内地与香港关于建立更紧密经贸关系的安排〉服务贸易协议》《〈内地与澳门关于建立更紧密经贸关系的安排〉服务贸易协议》分别签署，标志内地与香港、澳门服务贸易自由化基本实现。

11 月 27 日—28 日　中央扶贫开发工作会议举行。习近平强调，要坚决打赢脱贫攻坚战，确保到 2020 年所有贫困地区和贫困人口一道迈入全面小康社会。李克强讲话。29日，中共中央、国务院印发《关于打赢脱贫攻坚战的决定》。2016年4月23日，中共中央办公厅、国务院办公厅印发《关于建立贫困退出机制的意见》，明确贫困人口、贫困村、贫困县在2020年以前有序退出的标准和要求。

11月28日 中央军委印发《关于深化国防和军队改革的意见》，指出要牢牢把握"军委管总、战区主战、军种主建"的原则，以领导管理体制、联合作战指挥体制改革为重点，协调推进规模结构、政策制度和军民融合深度发展改革。此后，习近平先后签发中央军委命令，调整组建军委机关各部门，组建各战区机关、陆军机关、各战区陆军机关、战略支援部队机关，调整组建战区海军、战区空军机关，组建中央军委纪律检查委员会派驻纪检组，组织实施海军、空军、火箭军、武警部队机关整编，组建武汉联勤保障基地及5个联勤保障中心，调整组建13个集团军、海军陆战队，调整组建新的军事科学院、国防大学、国防科技大学和其他军队院校、科研机构、训练机构。

11月29日—12月5日 习近平出席在法国巴黎举行的气候变化巴黎大会，对津巴布韦、南非进行国事访问并主持中非合作论坛约翰内斯堡峰会。11月30日,在气候变化巴黎大会开幕式上发表《携手构建合作共赢、公平合理的气候变化治理机制》的讲话。12月4日,在中非合作论坛约翰内斯堡峰会开幕式上发表主旨讲话,提出把中非关系提升为全面战略合作伙伴关系,宣布实施中非"十大合作计划"。

2015年12月

12月4日—16日 王岐山分别主持召开部分省区市纪委书记座谈会、中央纪委派驻纪检组组长座谈会、部分省委书记和中央部委党组书记座谈会、专家座谈会,就做好纪律检查工作听取意见建议。

12月11日—12日 全国党校工作会议举行。习近平强调,必须坚持党校姓党这个党校工作根本原则,切实做好新形势下党校工作,并提出培养造就一支具有铁一般信仰、铁一般信念、铁一般纪律、铁一般担当的干部队伍。刘云山作总结讲话。此前,9日,中共中央印发《关于加强和改进新形势下党校工作的意见》。

12月14日—15日 上海合作组织成员国政府首脑(总理)理事会第十四次会议在河南郑州举行。李克强主持并讲话。

12月17日 我国成功发射暗物质粒子探测卫星"悟空"。

12月18日—21日 中央经济工作会议举行。习近平总结2015年经济工作,分析当前国内国际经济形势,部署2016年经济工作。李克强具体部署2016年经济社会发展重点工作并作总结讲话。会议指出,推进供给侧结构性改革,是适应和引领经济发展新常态的重大创新。会议强调,实行宏观政策要稳、产业政策要准、微观政策要活、改革政策要实、社会政策要托底的总体思路,着力加强结构性改革,在适度扩大总需求的同时,去产能、去库存、去杠杆、降成本、补短板,推动我国社会生产力水平整体改善,努力实现"十三五"时期经济社会发展的良好开局。

12月20日—21日 中央城市工作会议举行。习近平分析城市发展面临的形势,明确做好城市工作的指导思想、总体思路、重点任务。李克强提出做好城市工作的具体部署并作总结讲话。会议强调,要转变城市发展方式,完善城市治理体系,提高城市治理能力,着力解决城市病等突出问题,不断提升城市环境质量、人民生活质量、城市竞争力,建设和谐宜居、富有活力、各具特色的现代化城市,提高新型城镇化水平,走出一条中国特色城市发展道路。24 日,中共中央、国务院印发《关于深入推进城市执法体制改革改进城市管理工作的指导意见》。2016 年 2 月 6 日,中共中央、国务院印发《关于进一步加强城市规划建设管理工作的若干意见》。

12 月 25 日　中共中央印发《关于建立健全党和国家功勋荣誉表彰制度的意见》,对党和国家功勋荣誉表彰制度进行整体设计,决定成立党和国家功勋荣誉表彰工作委员会。12 月 27 日,十二届全国人大常委会第十八次会议通过《中华人民共和国国家勋章和国家荣誉称号法》,决定设立"共和国勋章""友谊勋章"和国家荣誉称号。2017 年 8 月 8 日,中共中央印发《中国共产党党内功勋荣誉表彰条例》,设立"七一勋章";中共中央、国务院印发《国家功勋荣誉表彰条例》。

同日　亚洲基础设施投资银行正式成立。2016 年 1 月 16 日,习近平出席亚洲基础设施投资银行开业仪式并致辞,强调要打造专业、高效、廉洁的 21 世纪新型多边开发银行,成为构建人类命运共同体的新平台。李克强出席理事会成立大会并致辞。

12月27日 十二届全国人大常委会第十八次会议通过《中华人民共和国反恐怖主义法》《中华人民共和国反家庭暴力法》。

12月28日 国务院办公厅印发《国务院部门权力和责任清单编制试点方案》,开展国务院部门权力和责任清单编制试点。此外,31个省区市到2017年均已公布省市县三级政府部门权力清单和责任清单。

12月31日 中国人民解放军陆军领导机构、中国人民解放军火箭军、中国人民解放军战略支援部队成立大会举行。习近平向陆军、火箭军、战略支援部队授予军旗并致训词,强调要努力建设一支强大的现代化新型陆军、一支强大的现代化火箭军、一支强大的现代化战略支援部队。

2016 年

2016 年 1 月

1 月 3 日 国务院印发《关于整合城乡居民基本医疗保险制度的意见》,要求城乡居民医保制度政策实现统一覆盖范围、统一筹资政策、统一保障待遇、统一医保目录、统一定点管理、统一基金管理。

1 月 5 日 习近平在重庆召开推动长江经济带发展座谈会,指出推动长江经济带发展是国家一项重大区域发展战略,要从中华民族长远利益出发,坚持生态优先、绿色发展,共抓大保护、不搞大开发,把长江经济带建设成为我国生态文明建设的先行示范带、创新驱动带、协调发展带。

1 月 6 日 我国政府征用民航飞机对南沙群岛永暑礁新建机场成功进行校验和试飞。7 月 13 日,对南沙群岛美济礁、渚碧礁新建机场进行校验和试飞。

1月11日　习近平接见调整组建后的军委机关各部门负责同志,强调要讲政治、谋打赢、搞服务、作表率,努力建设"四铁"军委机关。这次军委机关调整,把原来的总参谋部、总政治部、总后勤部、总装备部4个总部改为15个职能部门。

1月12日—14日　十八届中央纪委六次全会举行。习近平强调,反腐败斗争压倒性态势正在形成,要坚持全面从严治党、依规治党,创新体制机制,强化党内监督,着力解决群众身边的不正之风和腐败问题,坚决遏制腐败蔓延势头。王岐山作工作报告。

1月13日　中国政府发布首份《中国对阿拉伯国家政策文件》。

1月18日—21日　省部级主要领导干部学习贯彻十八届五中全会精神专题研讨班举行。习近平强调,要深入学习领会创新、协调、绿色、开放、共享的新发展理念,推动"十三五"时期我国经济社会持续健康发展,确保如期实现全面建成小康社会奋斗目标。

1月19日—23日　习近平对沙特、埃及、伊朗进行国事访问。21日,在阿拉伯国家联盟总部发表《共同开创中阿关系的美好未来》的演讲。

1 月 22 日 中共中央办公厅、国务院办公厅印发《关于进一步加强和改进离退休干部工作的意见》。2016 年,中共中央办公厅、国务院办公厅印发的文件还有《关于全面推进政务公开工作的意见》《关于深化律师制度改革的意见》《关于深化公安执法规范化建设的意见》《关于加快推进失信被执行人信用监督、警示和惩戒机制建设的意见》《关于实行以增加知识价值为导向分配政策的若干意见》《关于全面推行河长制的意见》《关于省以下环保机构监测监察执法垂直管理制度改革试点工作的指导意见》《关于深化职称制度改革的意见》《关于促进移动互联网健康有序发展的意见》《关于进一步引导和鼓励高校毕业生到基层工作的意见》等。

2016 年 2 月

2 月 1 日 中国人民解放军战区成立大会举行。习近平向东部战区、南部战区、西部战区、北部战区、中部战区授予军旗并发布训令,命令各战区要毫不动摇听党指挥,聚精会神钻研打仗,高效指挥联合作战,随时准备领兵打仗。

同日 国务院分别印发《关于钢铁行业化解过剩产能实现脱困发展的意见》《关于煤炭行业化解过剩产能实现脱困发展的意见》。2016 年，国务院印发的文件还有《关于进一步健全特困人员救助供养制度的意见》《关于进一步加强文物工作的指导意见》《盐业体制改革方案》《关于促进外贸回稳向好的若干意见》《关于深化制造业与互联网融合发展的指导意见》《关于统筹推进县域内城乡义务教育一体化改革发展的若干意见》《降低实体经济企业成本工作方案》《关于推进中央与地方财政事权和支出责任划分改革的指导意见》《关于促进创业投资持续健康发展的若干意见》《关于积极稳妥降低企业杠杆率的意见》等。国务院公布的行政法规有《全国社会保障基金条例》《农田水利条例》《企业投资项目核准和备案管理条例》等。

2 月 6 日 中共中央、国务院印发《关于全面振兴东北地区等老工业基地的若干意见》。10 月 18 日，国务院召开振兴东北地区等老工业基地推进会议。李克强主持并讲话。11 月 1 日，国务院印发《关于深入推进实施新一轮东北振兴战略加快推动东北地区经济企稳向好若干重要举措的意见》。

2 月 16 日 中央军委印发《关于军队和武警部队全面停止有偿服务活动的通知》，计划用 3 年左右时间，分步骤停止军队和武警部队一切有偿服务活动。2017 年 6 月 2 日，深入推进军队和武警部队全面停止有偿服务工作电视电话会议举行，进一步开展动员部署。张高丽讲话。

2 月 19 日 习近平主持召开党的新闻舆论工作座谈会，强调要坚持正确政治方向，创新方法手段，切实提高党的新闻舆论传播力、引导力、影响力、公信力。

2 月 24 日 习近平出席中央军委扩大会议，提出更加注重聚焦实战、更加注重创新驱动、更加注重体系建设、更加注重集约高效、更加注重军民融合的军队建设发展战略指导。

同日 中共中央办公厅印发《关于在全体党员中开展"学党章党规、学系列讲话，做合格党员"学习教育方案》。开展"两学一做"学习教育，是推动党内教育从"关键少数"向广大党员拓展、从集中性教育向经常性教育延伸的重要举措。12 月 26 日至 27 日，中央政治局围绕"两学一做"学习教育要求召开民主生活会。2017 年 3 月 20 日，中共中央办公厅印发《关于推进"两学一做"学习教育常态化制度化的意见》。

2 月 26 日 十二届全国人大常委会首次举行宪法宣誓仪式,张德江监誓。9 月 18 日,国务院首次举行宪法宣誓仪式,李克强监誓。

同日 十二届全国人大常委会第十九次会议通过《中华人民共和国深海海底区域资源勘探开发法》。

2 月 27 日 中共中央印发《关于深化人才发展体制机制改革的意见》。2016 年,中共中央印发的文件还有《中国共产党问责条例》《关于党的十九大代表选举工作的通知》《关于新形势下加强政法队伍建设的意见》《关于加强党内法规制度建设的意见》《县以上党和国家机关党员领导干部民主生活会若干规定》等。

2016 年 3 月

3 月 3 日—14 日 全国政协十二届四次会议举行。俞正声作全国政协常委会工作报告。

3 月 4 日 习近平看望参加全国政协十二届四次会议的民建、工商联委员并参加联组会,强调非公有制经济在我国经济社会发展中的地位和作用没有变,鼓励、支持、引导非公有制经济发展的方针政策没有变，致力于为非公有制经济发展营造良好环境和提供更多机会的方针政策没有变。同时，强调要着力构建"亲""清"新型政商关系。

3月5日—16日 十二届全国人大四次会议举行。李克强作政府工作报告。张德江作全国人大常委会工作报告。会议批准《中华人民共和国国民经济和社会发展第十三个五年规划纲要》，通过《中华人民共和国慈善法》。

3月17日 中国与冈比亚恢复外交关系。12月26日，中国与圣多美和普林西比恢复外交关系。2017年6月13日，中国与巴拿马建立外交关系。至此，中国已同175个国家建有外交关系。

3月18日—27日 张德江出席在赞比亚卢萨卡举行的各国议会联盟第134届大会并对赞比亚、卢旺达、肯尼亚进行正式友好访问。这是中国全国人大常委会委员长首次出席议联大会。

3月23日 澜沧江—湄公河合作首次领导人会议在海南三亚举行。李克强主持并讲话。

3月24日 中共中央政治局常委会会议审议并

原则同意关于北京城市副中心和疏解北京非首都功能集中承载地有关情况的汇报,确定集中承载地选址。5月27日,中共中央政治局会议研究部署规划建设北京城市副中心和进一步推动京津冀协同发展有关工作,审议《关于规划建设北京城市副中心和研究设立河北雄安新区的有关情况的汇报》。2017年3月28日,中共中央、国务院发出通知,决定设立河北雄安新区。这是继深圳经济特区和上海浦东新区之后又一具有全国意义的新区。

3月28日—4月1日 习近平对捷克进行国事访问,并出席在美国华盛顿举行的第四届核安全峰会。4月1日,在核安全峰会上发表《加强国际核安全体系,推进全球核安全治理》的讲话。

2016年4月

4月14日 人力资源社会保障部、财政部印发《关于2016年调整退休人员基本养老金的通知》,决定从2016年1月1日起,按2015年退休人员月人均基本养老金的6.5%左右的水平调整企业和机关事业单位退休人员基本养老金。这是国家首次统一部署、同步调整企业和机关事业单位退休人员基本养老金水平,也是我国连续第 12 年提高企业退休人员基本养老金水平。

4 月 19 日　习近平主持召开网络安全和信息化工作座谈会,强调网信事业要在践行创新、协调、绿色、开放、共享的新发展理念上先行一步,推进网络强国建设,让互联网更好造福国家和人民。

4 月 20 日　习近平视察军委联合作战指挥中心,强调要努力建设绝对忠诚、善谋打仗、指挥高效、敢打必胜的联合作战指挥机构,构建平战一体、常态运行、专司主营、精干高效的战略战役指挥体系,为实现中国梦强军梦提供坚强支撑。

同日　国家统计局发布的《2015 年全国 1%人口抽样调查主要数据公报》显示,全国大陆 31 个省、自治区、直辖市和现役军人的人口为 137349 万人。

4 月 22 日　张高丽作为习近平主席特使出席在纽约联合国总部举行的《巴黎协定》高级别签署仪式,代表中国签署《巴黎协定》。

4 月 22 日—23 日　全国宗教工作会议举行。习近平强调,要坚持和发展中国特色社会主义宗教理论,全面提高新形势下宗教工作水平。俞正声作总结讲话。

4月28日　十二届全国人大常委会第二十次会议通过《中华人民共和国境外非政府组织境内活动管理法》。

同日　国务院办公厅印发《关于健全生态保护补偿机制的意见》。2016年,国务院办公厅印发的文件还有《关于深化改革推进出租汽车行业健康发展的指导意见》《关于完善集体林权制度的意见》等。

2016年5月

5月1日　中共中央、国务院、中央军委印发《关于经济建设和国防建设融合发展的意见》。2016年,中共中央、国务院、中央军委印发的文件还有《关于做好深化国防和军队改革期间军队转业干部安置工作的通知》等。

同日　我国全面实施营业税改征增值税试点,试点范围从交通运输业和部分现代服务业等扩大到建筑业、房地产业、金融业、生活服务业,并将所有企业新增不动产所含增值税纳入抵扣范围,确保所有行业税负只减不增。同步实行中央和地方增值税"五五分享"。

5 月 17 日 习近平主持召开哲学社会科学工作座谈会,强调坚持和发展中国特色社会主义,必须高度重视哲学社会科学,结合中国特色社会主义伟大实践,加快构建中国特色哲学社会科学。2017 年 3 月 5 日,中共中央印发《关于加快构建中国特色哲学社会科学的意见》。

5 月 20 日 中共中央台办、国务院台办负责人就当前两岸关系发表谈话,强调将继续坚持"九二共识"政治基础,坚决反对"台独",坚定维护一个中国原则,同台湾同胞和台湾所有认同两岸同属一中的党派和团体一道,努力维护台海和平稳定,维护和推进两岸关系和平发展,争取祖国和平统一的前景。

5 月 30 日 中共中央、国务院印发《长江经济带发展规划纲要》。2016 年,中共中央、国务院印发的文件还有《关于深化投融资体制改革的意见》《关于完善产权保护制度依法保护产权的意见》《关于推进安全生产领域改革发展的意见》《关于推进防灾减灾救灾体制机制改革的意见》《关于稳步推进农村集体产权制度改革的意见》《关于深入推进农业供给侧结构性改革加快培育农业农村发展新动能的若干意见》等。

5月30日—6月3日 全国科技创新大会、中国科学院第十八次院士大会和中国工程院第十三次院士大会、中国科学技术协会第九次全国代表大会举行。习近平强调，必须坚持走中国特色自主创新道路，加快各领域科技创新，掌握全球科技竞争先机，建设世界科技强国。李克强讲话。

2016年6月

6月17日—24日 习近平对塞尔维亚、波兰、乌兹别克斯坦进行国事访问，并出席在塔什干举行的上海合作组织成员国元首理事会第十六次会议。

6月20日 我国自主研制的第一台全部采用国产处理器构建的"神威·太湖之光"夺得世界超算冠军，成为全球运行速度最快的超级计算机。

6月22日—8月12日 我国"探索一号"科考船在马里亚纳海域开展首次综合性万米深渊科考活动。其中，"海斗号"无人潜水器最大潜深达10767米，我国成为第三个研制出万米级无人潜水器的国家。

6月25日 俄罗斯总统普京对中国进行国事访

问。习近平同普京会谈,两国元首强调要坚定不移致力于深化中俄全面战略协作伙伴关系。两国元首共同出席《中俄睦邻友好合作条约》签署15周年纪念大会,习近平发表《共创中俄关系更加美好的明天》的讲话。李克强、张德江分别会见普京。

6月26日 经中共中央批准,中央党史研究室编写的《中国共产党的九十年》出版发行。

2016年7月

7月1日 庆祝中国共产党成立95周年大会举行。习近平讲话,回顾中国共产党95年来团结带领全国各族人民不懈奋斗走过的光辉历程和作出的伟大历史贡献,阐明近代以来我国社会发展的规律性认识,阐明中国共产党的执政理念、执政方略和对重大国内外问题的原则立场,强调面向未来,面对挑战,全党同志一定要不忘初心、继续前进,并提出8个方面的要求。李克强主持。刘云山宣读《中共中央关于表彰全国优秀共产党员、优秀党务工作者和先进基层党组织的决定》。

7月2日 十二届全国人大常委会第二十一次会

议通过《中华人民共和国资产评估法》和修订后的《中华人民共和国野生动物保护法》。

7月12日 中国外交部发表声明指出,应菲律宾共和国时任政府单方面请求建立的南海仲裁案仲裁庭作出的裁决是无效的,没有拘束力,中国不接受、不承认。同日,中国外交部受权发布《中华人民共和国政府关于在南海的领土主权和海洋权益的声明》。13日,国务院新闻办发表《中国坚持通过谈判解决中国与菲律宾在南海的有关争议》白皮书。

7月20日 最高人民法院、最高人民检察院、公安部、国家安全部、司法部联合印发《关于推进以审判为中心的刑事诉讼制度改革的意见》。

7月22日 李克强在北京同世界银行、国际货币基金组织、世界贸易组织、国际劳工组织、经济合作与发展组织、金融稳定理事会等主要国际经济金融机构负责人举行首次"1+6"圆桌对话会。

7月28日 国务院印发《"十三五"国家科技创新规划》。此后,国务院、国务院办公厅还相继印发了"十三五"时期农业现代化、脱贫攻坚、生态环境保护、国家战略性新兴产业等系列专项规划。

2016 年 8 月

8 月 5 日—21 日、9 月 7 日—18 日 中国体育代表团在巴西里约热内卢举行的第三十一届奥运会上获得 26 枚金牌、18 枚银牌、26 枚铜牌,居奖牌榜第二位;在第十五届残奥会上获得 107 枚金牌、81 枚银牌、51 枚铜牌,居金牌榜和奖牌榜第一位。

8 月 16 日 我国成功发射世界首颗量子科学实验卫星"墨子号"。2017 年 8 月 9 日,"墨子号"卫星提前完成全部既定科学目标,在国际上首次成功实现千公里级卫星和地面之间的量子纠缠分发、量子密钥分发和量子隐形传态。

8 月 17 日 推进"一带一路"建设工作座谈会举行。习近平强调,要聚焦政策沟通、设施联通、贸易畅通、资金融通、民心相通,聚焦构建互利合作网络、新型合作模式、多元合作平台,聚焦携手打造绿色丝绸之路、健康丝绸之路、智力丝绸之路、和平丝绸之路。

8 月 19 日—20 日 全国卫生与健康大会举行。习近平强调,要把人民健康放在优先发展的战略地位,加快推进健康中国建设,努力全方位、全周期保障人民健康。李克强讲话。10 月 17 日,中共中央、国务院印发《"健康中国 2030"规划纲要》。

2016 年 9 月

9 月 3 日 十二届全国人大常委会第二十二次会议通过《中华人民共和国国防交通法》。

9 月 4 日—5 日 二十国集团领导人第十一次峰会在浙江杭州举行。习近平主持并致开幕辞、闭幕辞,强调二十国集团要与时俱进、知行合一、共建共享、同舟共济,推动世界经济强劲、可持续、平衡、包容增长。会议通过《二十国集团领导人杭州峰会公报》。

9 月 6 日—9 日 李克强出席在老挝万象举行的第十九次中国—东盟(10+1)领导人会议暨中国—东盟建立对话关系 25 周年纪念峰会、第十九次东盟与中日韩(10+3)领导人会议和第十一届东亚峰会,并对老挝进行正式访问。

9 月 13 日 中央军委联勤保障部队成立大会举行。习近平向武汉联勤保障基地和无锡、桂林、西宁、沈阳、郑州联勤保障中心授予军旗并致训词,强调要按照联合作战、联合训练、联合保障的要求加快部队建设,努力建设一支强大的现代化联勤保障部队。

同日 十二届全国人大常委会第二十三次会议通过关于辽宁省人大选举产生的部分十二届全国人大代表当选无效的报告、关于成立辽宁省十二届人大七次会议筹备组的决定,依法确定 45 名拉票贿选的全国人大代表当选无效。此前,中央先后通报了查处的湖南衡阳破坏选举案、四川南充拉票贿选案、辽宁拉票贿选案,其中辽宁拉票贿选案是新中国成立以来查处的第一起发生在省级层面严重违反党纪国法、严重违反政治纪律和政治规矩、严重违反组织纪律和换届纪律、严重破坏党内选举制度和人大选举制度的重大案件。

9 月 15 日、10 月 17 日 天宫二号空间实验室和搭载着景海鹏、陈冬两位航天员的神舟十一号载人飞船先后成功发射。在轨飞行期间,首次实现我国航天员中期在轨驻留,并开展一批体现国际科学前沿和高新技术发展方向的空间科学与应用任务。

9 月 18 日 俞正声会见由台湾新北、新竹等 8 个县市组成的台湾县市长参访团。在台湾县市长参访期间,大陆方面宣布采取 8 个方面措施推动与台湾参访的 8 县市交流。

9月18日—28日　李克强出席在纽约联合国总部举行的第七十一届联合国大会系列高级别会议,并对加拿大和古巴进行正式访问。

9月20日　《胡锦涛文选》第一卷、第二卷、第三卷出版发行。23日,中共中央印发《关于学习〈胡锦涛文选〉的决定》。29日,中共中央举行学习《胡锦涛文选》报告会。习近平讲话,对学习《胡锦涛文选》提出明确要求。

9月25日　具有我国自主知识产权的世界最大单口径巨型射电望远镜——500米口径球面射电望远镜(FAST)在贵州平塘落成启动。

2016年10月

10月1日　人民币正式加入国际货币基金组织的特别提款权货币篮子。

10月10日—11日　全国国有企业党的建设工作会议举行。习近平强调,要坚持党对国有企业的领导不动摇,开创国有企业党的建设新局面。刘云山作总结讲话。此前,2015年7月31日,中共中央办公厅印发《关于在深化国有企业改革中坚持党的领导加强党的建设的若干意见》。

10 月 13 日—15 日 "2016 中国共产党与世界对话会"在重庆举行。刘云山出席开幕式并发表《为完善全球经济治理贡献政党智慧和力量》的主旨讲话。

10 月 13 日—17 日 习近平对柬埔寨、孟加拉国进行国事访问并出席在印度果阿举行的金砖国家领导人第八次会晤。

10 月 18 日—21 日 菲律宾总统杜特尔特对中国进行国事访问。习近平同杜特尔特会谈,就两国坚持睦邻友好、妥善处理分歧、携手共同发展达成重要共识,双方同意推动中菲关系实现全面改善。李克强、张德江分别会见杜特尔特。张高丽与杜特尔特共同出席中菲经贸合作论坛。

10 月 21 日 纪念红军长征胜利 80 周年大会举行。习近平强调,每一代人有每一代人的长征路,每一代人都要走好自己的长征路。我们这一代人的长征,就是要实现"两个一百年"奋斗目标,实现中华民族伟大复兴的中国梦。要大力弘扬伟大长征精神,在新的长征路上继续奋勇前进。

10 月 24 日—27 日 中共十八届六中全会举行。

习近平代表中央政治局向全会报告工作,就《关于新形势下党内政治生活的若干准则(讨论稿)》和《中国共产党党内监督条例(讨论稿)》作说明,并发表讲话。全会审议通过《关于新形势下党内政治生活的若干准则》和《中国共产党党内监督条例》。全会明确习近平同志为党中央的核心、全党的核心。全会高度评价全面从严治党取得的成就,认为党的十八大以来,以习近平同志为核心的党中央坚定推进全面从严治党,集中整饬党风,严厉惩治腐败,净化党内政治生态,党内政治生活展现新气象,赢得了党心民心,为开创党和国家事业新局面提供了重要保证。全会号召全党同志紧密团结在以习近平同志为核心的党中央周围,牢固树立政治意识、大局意识、核心意识、看齐意识,坚定不移维护党中央权威和党中央集中统一领导,继续推进全面从严治党,共同营造风清气正的政治生态,确保党团结带领人民不断开创中国特色社会主义事业新局面。全会决定党的十九大于 2017 年下半年在北京召开。

2016 年 11 月

11 月 1 日 习近平会见中国国民党主席洪秀柱,

强调要牢牢把握两岸关系和平发展的正确方向,巩固"九二共识"政治基础,坚决反对"台独",持续推动各领域交流合作,不断增进两岸同胞福祉和亲情。

同日　中国自主研制的新一代隐身战斗机歼—20 首次公开亮相。

11 月 2 日—3 日　两岸和平发展论坛在北京举行。

11 月 2 日—9 日　李克强对吉尔吉斯斯坦进行正式访问并出席在比什凯克举行的上海合作组织成员国政府首脑(总理)理事会第十五次会议,对哈萨克斯坦进行正式访问并出席在阿斯塔纳举行的中哈总理第三次定期会晤,对拉脱维亚进行正式访问并出席在里加举行的第五次中国—中东欧国家领导人会晤,对俄罗斯进行正式访问并出席在圣彼得堡举行的中俄总理第二十一次定期会晤。

11 月 3 日　我国最大推力新一代运载火箭长征五号首次发射成功。

11 月 4 日　中共中央办公厅印发《关于在北京市、山西省、浙江省开展国家监察体制改革试点方案》,部署在 3 个省(市)设立省、市、县三级监察委员会。12月25日，十二届全国人大常委会第二十五次会议通过关于在北京市、山西省、浙江省开展国家监察体制改革试点工作的决定。2017年4月，试点地区全面完成省、市、县三级监察委员会组建和转隶工作。

11月7日 十二届全国人大常委会第二十四次会议通过《关于〈中华人民共和国香港特别行政区基本法〉第一百零四条的解释》，通过《中华人民共和国网络安全法》《中华人民共和国电影产业促进法》。

11月9日—10日 中央军委后勤工作会议举行。习近平强调，要聚焦保障打赢，加快转型重塑，努力建设强大的现代化后勤。

11月11日 纪念孙中山先生诞辰150周年大会举行。习近平高度评价孙中山先生领导近代中国民族民主革命的不朽功勋，强调要团结一切可以团结的力量，调动一切可以调动的因素，为孙中山先生梦寐以求的振兴中华而继续奋斗。

11月17日—23日 习近平对厄瓜多尔、秘鲁、智利进行国事访问并出席在秘鲁利马举行的亚太经合组织第二十四次领导人非正式会议。20日，在亚太经合组织领导人非正式会议上发表《面向未来开拓进取，促进亚太发展繁荣》的讲话。

11 月 30 日—12 月 3 日　中国文学艺术界联合会第十次全国代表大会、中国作家协会第九次全国代表大会举行。习近平强调,要高擎民族精神火炬,吹响时代前进号角,努力筑就中华民族伟大复兴时代的文艺高峰,并对广大文艺工作者提出 4 点希望。

2016 年 12 月

12 月 2 日—3 日　中央军委军队规模结构和力量编成改革工作会议举行。习近平强调,要推动我军由数量规模型向质量效能型、由人力密集型向科技密集型转变,部队编成向充实、合成、多能、灵活方向发展,构建能够打赢信息化战争、有效履行使命任务的中国特色现代军事力量体系。

12 月 7 日—8 日　全国高校思想政治工作会议举行。习近平强调,要把思想政治工作贯穿教育教学全过程,开创我国高等教育事业发展新局面。刘云山作总结讲话。此前,4 日,中共中央、国务院印发《关于加强和改进新形势下高校思想政治工作的意见》。

12 月 12 日　国务院发布《政府核准的投资项目

目录（2016 年本）》，继 2013 年、2014 年后第 3 次对《目录》作出修订。经过改革，中央层面核准的投资项目数量累计减少 90%，外商投资项目 95% 以上已由核准改为备案管理。

12 月 14 日—16 日　中央经济工作会议举行。习近平分析当前国内国际经济形势，总结 2016 年经济工作，阐明经济工作指导思想，部署 2017 年经济工作。李克强对 2017 年经济工作作出具体部署并作总结讲话。会议指出，党的十八大以来，初步确立了适应经济发展新常态的经济政策框架。会议强调，要坚持以提高发展质量和效益为中心，坚持宏观政策要稳、产业政策要准、微观政策要活、改革政策要实、社会政策要托底的政策思路，坚持以推进供给侧结构性改革为主线，适度扩大总需求，加强预期引导，深化创新驱动，全面做好稳增长、促改革、调结构、惠民生、防风险各项工作，促进经济平稳健康发展和社会和谐稳定，以优异成绩迎接党的十九大胜利召开。

12 月 24 日—25 日　全国党内法规工作会议举行。会前，习近平作出指示，强调加强党内法规制度建设是全面从严治党的长远之策、根本之策，必须坚持依法治国与制度治党、依规治党统筹推进、一体建设。刘云山出席并讲话。这是我们党历史上第一次召开全国党内法规工作会议。

12月25日 十二届全国人大常委会第二十五次会议通过《中华人民共和国中医药法》《中华人民共和国环境保护税法》。

12月30日 国务院印发《国家人口发展规划（2016—2030年）》，提出到2030年，全国总人口达到14.5亿人左右，人口与经济社会、资源环境的协调程度进一步提高。

12月31日 中国国际电视台（中国环球电视网）正式开播。

2017 年

2017 年 1 月

1 月 3 日　国务院印发《全国国土规划纲要（2016—2030 年)》。2017 年,国务院印发的文件还有《关于扩大对外开放积极利用外资若干措施的通知》《关于调整工业产品生产许可证管理目录和试行简化审批程序的决定》《新一代人工智能发展规划》《关于促进外资增长若干措施的通知》《关于在更大范围推进"证照分离"改革试点工作的意见》等。国务院公布的行政法规有《残疾人教育条例》《残疾预防和残疾人康复条例》《融资担保公司监督管理条例》《无证无照经营查处办法》《志愿服务条例》等。

1 月 6 日—8 日　十八届中央纪委七次全会举行。习近平强调,腐败蔓延势头得到有效遏制,反腐败斗争压倒性态势已经形成,不敢腐的目标初步实现,要继续在常和长、严和实、深和细上下功夫,不断增强全面从严治党的系统性、创造性、实效性。王岐山作工作报告。会议审议通过《中国共产党纪律检查机关监督执纪工作规则(试行)》。

1月9日 中共中央、国务院印发《关于加强耕地保护和改进占补平衡的意见》,提出到2020年,全国耕地保有量不少于18.65亿亩。2017年,中共中央、国务院印发的文件还有《中长期青年发展规划(2016—2025年)》《关于加强和完善城乡社区治理的意见》《新时期产业工人队伍建设改革方案》《关于深化石油天然气体制改革的若干意见》《关于开展质量提升行动的指导意见》《关于营造企业家健康成长环境弘扬优秀企业家精神更好发挥企业家作用的意见》《关于对〈北京城市总体规划(2016年—2035年)〉的批复》等。

1月15日—18日 习近平对瑞士进行国事访问、出席在瑞士达沃斯举行的世界经济论坛2017年年会并访问联合国日内瓦总部、世界卫生组织、国际奥委会。17日,在世界经济论坛年会开幕式上发表主旨演讲,强调要引导好经济全球化走向,推动实现经济全球化进程的再平衡,打造世界经济增长、合作、治理、发展新模式。18日,访问联合国日内瓦总部并出席"共商共筑人类命运共同体"高级别会议,强调要建设一个持久和平、普遍安全、共同繁荣、开放包容、绿色低碳的世界。此后,"构建人类命运共同体"理念被载入联合国多项决议。

1月22日　中共中央政治局会议决定设立中央军民融合发展委员会,习近平任主任。6月20日,习近平主持召开中央军民融合发展委员会第一次全体会议并讲话,强调要加强集中统一领导,加快形成全要素、多领域、高效益的军民融合深度发展格局。

1月24日　中共中央办公厅、国务院办公厅印发《关于实施中华优秀传统文化传承发展工程的意见》。2017年,中共中央办公厅、国务院办公厅印发的文件还有《领导干部报告个人有关事项规定》《领导干部个人有关事项报告查核结果处理办法》《关于深化教育体制机制改革的意见》《聘任制公务员管理规定(试行)》等。

1月30日　中共中央办公厅印发《中国共产党党委(党组)理论学习中心组学习规则》。2017年,中共中央办公厅印发的文件还有《关于加强地方党史工作的意见》等。

2017 年 2 月

2 月 8 日 国务院常务会议决定进一步清理和规范涉企收费,持续为实体经济减负。2013 — 2016 年,已累计为企业减轻负担 2 万多亿元。2017 年将力争减负 1 万亿元。

2 月 13 日 — 16 日 省部级主要领导干部学习贯彻十八届六中全会精神专题研讨班举行。习近平强调,要把《准则》《条例》各项规定把握精、把握准,以省部级主要领导干部思想到位、行动对标带动全党贯彻落实,以解决突出问题为突破口和主抓手,推动党的十八届六中全会精神落到实处。

2 月 24 日 十二届全国人大常委会第二十六次会议通过修订后的《中华人民共和国红十字会法》。

2017 年 3 月

3 月 1 日 中共中央印发《中国共产党工作机关条例(试行)》。

3月3日—13日 全国政协十二届五次会议举行。俞正声作全国政协常委会工作报告。

3月5日—15日 十二届全国人大五次会议举行。李克强作政府工作报告。张德江作全国人大常委会工作报告。会议通过《中华人民共和国民法总则》。

3月21日 我国首个大型页岩气田——涪陵页岩气田已经累计供气突破100亿立方米。这标志着我国页岩气已加速迈进大规模商业化发展阶段。

3月24日 教育部、国家发展改革委、财政部和人力资源社会保障部印发《高中阶段教育普及攻坚计划（2017—2020年）》，提出到2020年，普及高中阶段教育，全国各省（区、市）毛入学率均达到90%以上。

2017年4月

4月4日—7日 习近平对芬兰进行国事访问，并赴美国举行中美元首会晤。6日至7日，在佛罗里达州海湖庄园同美国总统特朗普会晤，双方同意在新起点上推动中美关系取得更大发展，宣布两国建立外交安全对话、全面经济对话、执法及网络安全对话、社会和人文对话等4个高级别对话机制。

4 月 5 日—8 日 俞正声对巴基斯坦、斯里兰卡进行正式友好访问。

4 月 18 日 习近平接见全军新调整组建 84 个军级单位主官并对各单位发布训令,强调要坚持政治建军、改革强军、依法治军,聚焦能打仗、打胜仗推进各项工作,聚精会神锻造召之即来、来之能战、战之必胜的精兵劲旅。

4 月 20 日 我国自主研制的首艘货运飞船天舟一号成功发射。在轨期间,先后顺利完成空间站货物补给、推进剂在轨补加、自主快速交会对接等多项拓展应用和相关试验。

4 月 26 日 我国第二艘航空母舰出坞下水,标志着我国自主设计建造航空母舰取得重大阶段性成果。

4 月 27 日 十二届全国人大常委会第二十七次会议通过修订后的《中华人民共和国测绘法》。

2017 年 5 月

5 月 3 日 世界首台单光子量子计算机在中国诞生。

5 月 7 日 国务院印发《关于进一步削减工商登

记前置审批事项的决定》。至此,本届政府成立之初的 226 项工商登记前置审批事项,已有 87% 改为后置审批或取消。

5 月 8 日 中央军委发布《军事立法工作条例》。

5 月 14 日—15 日 "一带一路"国际合作高峰论坛在北京举行。习近平出席开幕式并发表《携手推进"一带一路"建设》的主旨演讲,强调要坚持以和平合作、开放包容、互学互鉴、互利共赢为核心的丝路精神,将"一带一路"建成和平、繁荣、开放、创新、文明之路。会议通过《"一带一路"国际合作高峰论坛圆桌峰会联合公报》,并发表"一带一路"国际合作高峰论坛成果清单。

5 月 18 日 南海神狐海域天然气水合物试采成功,我国成为世界上首个成功试采海域天然气水合物的国家。

5 月 22 日—6 月 1 日 第四十届南极条约协商会议和第二十届南极环境保护委员会会议在北京举行。张高丽出席开幕式并致辞。

2017 年 6 月

6 月 1 日 中共中央办公厅、国务院办公厅印发

《关于甘肃祁连山国家级自然保护区生态环境问题督查处理情况及其教训的通报》，要求各地区各部门坚决扛起生态文明建设的政治责任，切实把生态文明建设各项任务落到实处。

6月6日、7月23日 中共中央分别印发《关于追授廖俊波同志"全国优秀共产党员"称号的决定》《关于追授黄大年同志"全国优秀共产党员"称号的决定》，号召广大党员、干部向廖俊波、黄大年同志学习。

6月7日—10日 习近平对哈萨克斯坦进行国事访问，并出席上海合作组织成员国元首理事会第十七次会议和阿斯塔纳专项世博会开幕式。9日，在上合组织元首理事会会议上宣布中国将举办上海合作组织2018年峰会。

6月13日 "蛟龙"号深海载人潜水器圆满完成为期5年的试验性应用航次全部下潜任务，其中11个潜次作业水深超过6500米，为下一阶段业务化运行奠定坚实基础。

6月16日 国家统计局发布的数据显示，2016年国内生产总值达到74万亿元，为2012年的1.32倍，年均增长7.2%；2016年常住人口城镇化率为

57.35%,比 2012 年末提高 4.78 个百分点;2013 年至 2016 年,城镇新增就业连续四年保持在 1300 万以上,居民消费价格年均上涨 2.0%;高等教育毛入学率 2016 年达到 42.7%,比 2012 年提高 12.7 个百分点;2012 年至 2016 年,人均国民总收入由 5940 美元提高到超过 8000 美元,接近中等偏上收入国家平均水平;城镇居民人均可支配收入 33616 元,比 2012 年增加 9489 元,年均实际增长 6.5%;农村居民人均可支配收入 12363 元,比 2012 年增加 3974 元,年均实际增长 8.0%。

6 月 23 日 习近平在山西太原主持召开深度贫困地区脱贫攻坚座谈会,强调要重点研究解决深度贫困问题,强化自身体系,聚焦精准发力,攻克坚中之坚,并提出 8 条要求。

6 月 25 日 我国自主研发、具有完全自主知识产权的中国标准动车组"复兴号"正式命名。"复兴号"26 日在京沪线上投入运营,9 月 21 日在全世界率先实现高铁时速 350 公里商业运营。至 2017 年 6 月,我国铁路营业里程已达 12.4 万公里,其中高铁 2.3 万公里。

6 月 27 日 十二届全国人大常委会第二十八次

会议通过《中华人民共和国国家情报法》。

6月27日—29日 第十一届夏季达沃斯论坛在辽宁大连举行。李克强出席开幕式并致辞。

6月28日 我国完全自主研制的新型万吨级驱逐舰首舰下水。

6月29日—7月1日 习近平出席庆祝香港回归祖国20周年大会暨香港特别行政区第五届政府就职典礼。习近平强调,中央贯彻"一国两制"方针坚持两点,一是坚定不移,不会变、不动摇;二是全面准确,确保"一国两制"在香港的实践不走样、不变形,始终沿着正确方向前进。今后更好在香港落实"一国两制",要始终准确把握"一国"和"两制"的关系,始终依照宪法和基本法办事,始终聚焦发展这个第一要务,始终维护和谐稳定的社会环境。

6月30日 中共中央组织部公布的党内统计数据显示,至2016年年底,中国共产党党员总数达8944.7万名,党的基层组织达451.8万个。

2017年7月

7月1日 全国海关通关一体化正式实施,企业可以在全国范围内任意一个海关完成相关海关手续。

同日 我国全面实施检察机关提起公益诉讼制度。

7月3日 扶贫领域监督执纪问责工作电视电话会议举行。王岐山讲话。

7月3日—9日 习近平对俄罗斯、德国进行国事访问并出席在汉堡举行的二十国集团领导人第十二次峰会。7日,在二十国集团领导人峰会上发表《坚持开放包容,推动联动增长》的讲话。同日,主持金砖国家领导人非正式会晤并作引导性讲话和总结讲话。

7月7日 港珠澳大桥主体工程全线贯通。大桥总长55公里,是连接香港、珠海和澳门的超大型跨海通道,也是世界最长的跨海大桥。

7月7日、8日 青海可可西里、"鼓浪屿:历史国际社区"入选《世界遗产名录》。至此,中国有52个项目列入世界遗产名录,位列世界第二;31个项目列入人类非物质文化遗产代表作名录,7个项目列入急需保护名录,1个项目列入优秀实践名册,总数位列世界第一。

7月11日 中国人民解放军驻吉布提保障基地

成立。8月1日,驻吉布提保障基地部队进驻营区,标志着我国首个海外保障基地建成和投入使用。

7月12日—19日 刘云山对罗马尼亚、捷克进行正式友好访问,并出席在布加勒斯特举行的"2017中国—中东欧政党对话会"和在布拉格举行的"2017中国投资论坛"。

7月14日—15日 全国金融工作会议举行。习近平强调,要加强党对金融工作的领导,紧紧围绕服务实体经济、防控金融风险、深化金融改革3项任务,创新和完善金融调控,健全现代金融企业制度,完善金融市场体系,推进构建现代金融监管框架,加快转变金融发展方式,健全金融法治,保障国家金融安全,促进经济和金融良性循环、健康发展。李克强讲话。会议决定设立国务院金融稳定发展委员会。

7月15日 北京到新疆的京新高速公路全线贯通,总里程约2768公里,这是目前世界上穿越沙漠、戈壁里程最长的高速公路。至2017年7月,全国高速公路通车里程达13.2万公里。

7月19日 新调整组建的军事科学院、国防大学、国防科技大学成立大会暨军队院校、科研机构、训练机构主要领导座谈会举行。习近平向军事科学院、国防大学、国防科技大学授军旗、致训词，强调要建设世界一流的军事科研机构、综合性联合指挥大学、高等教育院校。

7月24日 中共中央决定对孙政才涉嫌严重违纪问题立案审查。9月29日，中央政治局会议决定给予孙政才开除党籍、开除公职处分，将其涉嫌犯罪问题及线索移送司法机关依法处理。

7月26日—27日 省部级主要领导干部"学习习近平总书记重要讲话精神，迎接党的十九大"专题研讨班举行。习近平阐述党的十八大以来党和国家事业发生的历史性变革，并作出中国特色社会主义进入了新的发展阶段的重大战略判断，提出新的时代条件下要进行伟大斗争、建设伟大工程、推进伟大事业、实现伟大梦想。习近平强调，全党必须高举中国特色社会主义伟大旗帜，牢固树立中国特色社会主义道路自信、理论自信、制度自信、文化自信，确保党和国家事业始终沿着正确方向胜利前进。要牢牢把握我国发展的阶段性特征，牢牢把握人民群众对美好生活的向往，提出新的思路、新的战略、新的举措，继续统筹推进"五位一体"总体布局、协调推进"四个全面"战略布局,决胜全面建成小康社会,夺取中国特色社会主义伟大胜利,为实现中华民族伟大复兴的中国梦不懈奋斗。

7月28日 中央军委首次举行颁授"八一勋章"和授予荣誉称号仪式。习近平向"八一勋章"获得者颁授勋章和证书,向获得荣誉称号的单位颁授奖旗。"八一勋章"是由中央军委决定、中央军委主席签发证书并颁授的军队最高荣誉。

2017年8月

8月1日 庆祝中国人民解放军建军90周年大会举行。习近平强调,要坚定不移走中国特色强军之路,把强军事业不断推向前进,努力实现党在新形势下的强军目标,并围绕推进强军事业、把人民军队建设成为世界一流军队,提出必须毫不动摇坚持党对军队的绝对领导、必须坚持政治建军改革强军科技兴军依法治军等必须牢牢把握的6点根本要求。此前,7月30日,庆祝中国人民解放军建军90周年阅兵在朱日和联合训练基地举行。习近平检阅部队并讲话。这是人民军队整体性、革命性变革后的全新亮相。

8月2日　外交部发布《印度边防部队在中印边界锡金段越界进入中国领土的事实和中国的立场》文件,向国际社会说明印军越界事件的事实真相,全面阐述中国政府立场。28日,越界的印度边防人员及装备全部撤回边界印方一侧。至此,6月18日以来发生的印军越界事件得到解决。

8月8日　内蒙古自治区成立70周年庆祝大会在呼和浩特举行。中共中央、全国人大常委会、国务院、全国政协、中央军委致电祝贺。俞正声讲话。

8月18日　全国首家互联网法院——杭州互联网法院正式揭牌成立。

8月19日　青藏高原第二次综合性科学考察正式启动,对青藏高原的水、生态、人类活动等环境问题进行大规模考察研究。

8月31日　中共中央政治局会议决定中国共产党第十八届中央委员会第七次全体会议于2017年10月11日在北京召开。中共中央政治局将向党的十八届七中全会建议,中国共产党第十九次全国代表大会于2017年10月18日在北京召开。

同日　国家医保异地结算系统与所有省份和新疆

生产建设兵团以及医疗保险统筹地区连通。9月底，全面完成全国联网和跨省直接结算。

2017 年 9 月

9 月 1 日　十二届全国人大常委会第二十九次会议通过《中华人民共和国核安全法》《中华人民共和国国歌法》和修订后的《中华人民共和国中小企业促进法》。

9 月 3 日—5 日　金砖国家领导人第九次会晤在福建厦门举行。3 日，习近平出席 2017 年金砖国家工商论坛开幕式并发表《共同开创金砖合作第二个"金色十年"》的主旨演讲。4 日，习近平主持会晤并发表《深化金砖伙伴关系，开辟更加光明未来》的讲话，强调要开启金砖合作第二个"金色十年"，使金砖合作造福五国人民，惠及各国人民。5 日，习近平主持新兴市场国家与发展中国家对话会并发表《深化互利合作，促进共同发展》的讲话。

9 月 3 日—5 日　王岐山在湖南主持召开巡察工作座谈会，研究深化开展巡察工作、推动全面从严治党向基层延伸拓展。

9月4日 中国人民银行、中央网信办、工业和信息化部、工商总局、银监会、证监会、保监会发布公告，要求任何组织和个人不得非法从事代币发行融资活动，各类代币发行融资活动应当立即停止。

9月5日—6日 第二十三次全国地方立法工作座谈会在广西举行。张德江讲话。

9月11日 我国首条民营资本控股高铁——杭绍台高铁PPP项目在浙江杭州签约。这是民营资本在铁路投融资领域首次控股。

9月12日 人力资源社会保障部公布《国家职业资格目录》，明确目录之外不得许可和认定职业资格，目录之外除准入类职业资格外不得与就业创业挂钩。2013年以来，连续7批集中取消434项职业资格许可和认定事项，削减比例达70%以上。

9月12日—13日 新疆若干历史问题研究座谈会召开。俞正声讲话。

9月18日 中共中央政治局召开会议，研究拟提请党的十八届七中全会讨论的十八届中央委员会向中国共产党第十九次全国代表大会的报告稿、《中国共产党章程（修正案）》稿、十八届中央纪律检查委员会向中国共产党第十九次全国代表大会的工作报告稿，审议《关于五年来中央政治局贯彻执行中央八项规定并以此带动全党加强作风建设情况的报告》。

9月26日 习近平出席国际刑警组织第86届全体大会开幕式并发表主旨演讲，强调高举合作、创新、法治、共赢的旗帜，共同构建普遍安全的人类命运共同体。

9月29日 中共十九大代表选举工作顺利完成，共选举产生2287名出席党的十九大代表。当选代表具有较高的思想政治素质、良好的作风品行和较强的议事能力，在各自岗位上做出了显著成绩；代表结构与分布比较合理，具有广泛代表性。

9月30日 习近平、李克强、张德江、俞正声、刘云山、王岐山、张高丽等，同首都各界代表一起出席烈士纪念日向人民英雄敬献花篮仪式。

砥砺奋进　铸就辉煌

——写在《党的十八大以来大事记》发表之际

《人民日报》评论员

由中共中央党史研究室编写的《党的十八大以来大事记》今天在本报全文刊登。这是献给党的十九大的一份厚礼。

党的十八大以来的 5 年,是党和国家发展进程中极不平凡的 5 年,改革开放和社会主义现代化建设取得了历史性成就。5 年来,以习近平同志为核心的党中央迎难而上、开拓进取,革故鼎新、励精图治,以巨大的政治勇气和强烈的责任担当,进行具有许多新的历史特点的伟大斗争,提出一系列新理念新思想新战略,出台一系列重大方针政策,推出一系列重大举措,推进一系列重大工作,解决了许多长期想解决而没有解决的难题,办成了许多过去想办而没有办成的大事,推动党和国家事业发生历史性变革。

在新的伟大斗争实践中,习近平总书记成为党中央的核心、全党的核心。习近平总书记系列重要讲话精神和治国理政新理念新思想新战略,构成了科学完整的思想理论体系,开辟了马克思主义中国化新境界,为进行伟大斗争、建设伟大工程、推进伟大事业、实现伟大梦想提供了科学理论指导和行动指南,引领中国特色社会主义事业不断取得新胜利、创造新辉煌、谱写新篇章。

《党的十八大以来大事记》详细记录了以习近平同志为核心的党中央治国理政伟大实践以及提出的一系列新的重要思想、重要观点、重大判断、重大举措,集中展现了5年来我国社会主义经济建设、政治建设、文化建设、社会建设、生态文明建设以及国防和军队现代化、港澳工作和对台工作、中国特色大国外交、党的建设取得的历史性成就,充分反映了新的历史条件下坚持和发展中国特色社会主义的成功实践、人民生活水平的不断提高。党领导人民攻坚克难、砥砺奋进,近代以来久经磨难的中华民族实现了从站起来、富起来到强起来的历史性飞跃,社会主义在中国焕发出强大生机活力并不断开辟发展新境界，中国特色社会主义拓展了发展中国家走向现代化的途径，为解决人类问题贡献了中国智慧、提供了中国方案。5年来的光辉历程和历史性成就、历史性变革，映照出强国富民的动人画卷，昭示着中华民族伟大复兴的光明前景，令人欢欣鼓舞，催人扬鞭奋进。

5年来的成就是全方位的、开创性的，5年来的变革是深层次的、根本性的。这些历史性成就和历史性变革，标志着我国发展站到了新的历史起点上，对党和国家事业发展具有重大而深远的意义。以习近平同志为核心的党中央的坚强领导，习近平总书记系列重要讲话精神和治国理政新理念新思想新战略的科学指引，是5年来党和国家事业取得一切成就的根本原因。实践证明，党的十八大和十八大以来党中央作出的各项重大决策部署都是英明正确的。

旗帜引领方向，道路决定命运。让我们坚定不移高举中国特色社会主义伟大旗帜，牢固树立政治意识、大局意识、核心意识、看齐意识，以新的精神状态和奋斗姿态，不忘初心、继续前进，决胜全面建成小康社会，夺取中国特色社会主义伟大胜利,为实现中华民族伟大复兴的中国梦不懈奋斗。

(2017 年 10 月 16 日)

中共中央党史研究室负责同志就《党的十八大以来大事记》编写情况答记者问

为迎接中国共产党第十九次全国代表大会的召开,中共中央党史研究室编写了《党的十八大以来大事记》(以下简称《大事记》)。日前,中共中央党史研究室负责同志就编写《大事记》的有关情况,回答了记者的提问。

问:在党的十九大召开前夕,中共中央党史研究室编写了《大事记》。请问开展这项工作的重要意义是什么?

答:党的十九大是在全面建成小康社会关键阶段、中国特色社会主义发展关键时期召开的一次十分重要的大会。十九大的召开,是全党全军全国各族人民政治生活中的一件大事。中央党史研究室是党中央的党史研究机构和党史工作部门,编写《大事记》是党中央赋予我室的一项重要政治任务,是我室迎接十九大胜利召开开展的一项重要工作。

党的十八大以来,党和国家事业取得历史性成就,发生历史性变革。编写《大事记》就是要通过大事记这种形式,记录和反映以习近平同志为核心的党中央治国理政的伟大实践,记录和反映党领导人民坚持和发展中国特色社会主义的光辉历程,记录和反映党和国家事业取得的历史性成就、发生的历史性变革,激励广大党员、干部、群众为决胜全面建成小康社会、加快推进社会主义现代化、实现中华民族伟大复兴的中国梦而不懈奋斗。

问:请您谈谈编写《大事记》的指导思想和基本原则。

答:《大事记》的编写,始终坚持以马克思列宁主义、毛泽东思想、邓小平理论、"三个代表"重要思想、科学发展观为指导,深入贯彻落实习近平总书记系列重要讲话精神和治国理政新理念新思想新战略。在编写过程中,牢牢把握了以下基本原则:一是坚持党性原则与科学精神的统一。坚定站在党和人民的立场,坚持辩证唯物主义和历史唯物主义,以党的十八大报告、中央全会文件以及其他重要文献资料为基本遵循,确保在基本结论和重要评价上同以习近平同志为核心的党中央保持高度一致,确保所记条目符合史实。二是坚持历史逻辑与理论逻辑的统一。正确认识和把握我国社会主义发展阶段性特征,坚持历史与现实、理论与实践、国内与国际相结合,充分反映以习近平同志为核心的党中央治国理政实践与理论创新之间的辩证关系,充分反映党的十八大以来中国特色社会主义伟大实践和马克思主义中国化最新成果。三是坚持继承与发展的统一。在格式、体例、风格、规模等方面努力与《党的十七大以来大事记》保持一致,同时不断探索和创新大事记编写的理念和方法。

问:请您简要介绍一下组织编写《大事记》的相关情况。

答:按照党中央对党史工作提出的"一突出、两跟进"要求,党的十八大以来,中央党史研究室及时编写各年度大事记,为《大事记》的编写积累了经验、锻炼了队伍、奠定了基础。为迎接党的十九大胜利召开,今年初我们把编写《大事记》确定为一项重点工作,由室务会统一领导并组织力量编写,以第三研究部为主成立编写组。在编写过程中,室务会和室领导多次召开会议,研究讨论编写问题;初稿完成后,又组织室内室外专家进行讨论,听取意见和建议,对400多个条目逐条逐字推敲修改,反复打磨,数易其稿。为确保《大事记》的质量和准确性,还征求了68家中央和国家机关部委的意见。可以说,《大事记》是在中央领导同志亲切关怀下,党史工作部门全力以赴、有关部委协作完成的一项重要研究成果。借此机会,我对各方面给予的大力支持表示衷心的感谢!

问:党的十八大以来的5年,党和国家事业取得了历史性成就,发生了历史性变革,是砥砺奋进的5年。请问《大事记》是怎样从总体上把握这5年的?

答:习近平总书记7月26日在省部级主要领导干部专题研讨班开班式上讲话强调:"党的十八大以来的5年,是党和国家发展进程中很不平凡的5年。5年来,党中央科学把握当今世界和当代中国的发展大势,顺应实践要求和人民愿望,推出一系列重大战略举措,出台一系列重大方针政策,推进一系列重大工作,解决了许多长期想解决而没有解决的难题,办成了许多过去想办而没有办成的大事。"习近平总书记的重要讲话,站在历史和时代的高度,深刻洞察和把握世界发展大势和当代中国现实,系统总结了党的十八大以来党和国家事业取得的历史性成就,深刻阐述了党和国家事业发生的历史性变革,对于《大事记》准确把握十八大以来的 5 年,具有十分重要的指导意义。

5 年来,以习近平同志为核心的党中央,全面加强党的领导,大大增强了党的创造力、凝聚力、战斗力和领导力、号召力;坚定不移贯彻新发展理念,有力推动我国发展不断朝着更高质量、更有效率、更加公平、更可持续的方向前进;坚定不移全面深化改革,推动改革呈现全面发力、多点突破、纵深推进的崭新局面;坚定不移全面推进依法治国,显著增强了党运用法律手段领导和治理国家的能力;加强党对意识形态工作的领导,巩固了全党全社会思想上的团结统一;坚定不移推进生态文明建设,推动美丽中国建设迈出重要步伐;坚定不移推进国防和军队现代化,推动国防和军队改革取得历史性突破;坚定不移推进中国特色大国外交,营造了我国发展的和平国际环境和良好周边环境;坚定不移推进全面从严治党,形成了反腐败斗争压倒性态势,党内政治生活气象更新,党的执政基础和群众基础更加巩固,为党和国家各项事业发展提供了坚强政治保证。

实践是最有力的证明,事实是最生动的教材。这些成就表明,党的十八大以来的 5 年是砥砺奋进的 5 年,是辉煌壮丽的 5 年,是中华民族伟大复兴征程中十分重要的 5 年。

问:请问《大事记》是如何体现党的十八大以来习近平总书记系列重要讲话精神和治国理政新理念新思想新战略的?

答:习近平总书记系列重要讲话精神和治国理政新理念新思想新战略,是马克思主义中国化最新成果,是当代中国马克思主义、21 世纪马克思主义最新发展,是新阶段党领导全国人民进行伟大斗争、建设伟大工程、推进伟大事业、实现伟大梦想的指导思想和行动指南。它既是《大事记》编写的理论指导,也是《大事记》记载、反映的重要内容。

《大事记》从三个方面体现了习近平总书记系列重要讲话精神和治国理政新理念新思想新战略:

一是记载了其产生发展过程。习近平总书记系列重要讲话精神和治国理政新理念新思想新战略，是在党的十八大以来全面深化改革和社会主义现代化建设实践中产生发展的。《大事记》记录了这5年党和人民砥砺奋进、攻坚克难、强基固本、锐意进取，为实现"两个一百年"奋斗目标、实现中华民族伟大复兴的中国梦而奋斗的伟大实践。

二是记载了其主要内容。习近平总书记系列重要讲话精神和治国理政新理念新思想新战略内涵丰富、博大精深，是一个系统完整的科学理论体系。《大事记》记述了以习近平同志为核心的党中央在治国理政实践中提出的一系列新的重要思想、重要观点、重大判断、重大举措。

三是记载了在其正确指引下中国特色社会主义取得的重大成就。党的十八大以来党和国家事业取得的历史性成就、发生的历史性变革，都是在党的坚强领导和党的创新理论科学指导下取得的。《大事记》反映了改革发展稳定、内政外交国防、治党治国治军各方面取得的新的辉煌成就。

问：中国特色社会主义是改革开放以来党的全部理论和实践的主题。请您谈谈《大事记》是怎样突出

这个主题的？

答：中国特色社会主义是科学社会主义理论逻辑和中国社会发展历史逻辑的辩证统一，是根植于中国大地、反映中国人民意愿、适应中国和时代发展进步要求的科学社会主义。中国特色社会主义是党和人民90多年奋斗、创造、积累的根本成就，是改革开放近40年全部理论和实践的主题。党的十八大以来党和国家事业的历史性成就、历史性变革，是在新中国成立以来特别是改革开放以来重大成就基础上取得的，是在坚持和发展中国特色社会主义伟大实践中取得的。以习近平同志为核心的党中央开创了中国特色社会主义事业新局面，我国发展站到新的历史起点上，中国特色社会主义进入新的发展阶段。

《大事记》围绕中国特色社会主义这一主题，准确把握中国特色社会主义进入新的发展阶段的重大战略判断，重点反映中国特色社会主义发展新的阶段性特征，重点反映统筹推进"五位一体"总体布局和协调推进"四个全面"战略布局的决策部署，重点反映中国特色社会主义成功实践给人民带来的获得感，全面展现了中国特色社会主义新的发展轨迹和历史成就。

《大事记》记载的中国特色社会主义取得的重大成就及实践创新、理论创新、制度创新的重要成果，充分说明了以习近平同志为核心的党中央对社会主义本质的认识、对中国特色社会主义规律的把握，已经达到一个前所未有的新高度；意味着近代以来久经磨难的中华民族实现了从站起来、富起来到强起来的历史性飞跃，意味着社会主义在中国焕发出强大生机活力并不断开辟发展新境界，意味着中国特色社会主义拓展了发展中国家走向现代化的途径，为解决人类问题贡献了中国智慧、提供了中国方案。

问：您认为《大事记》在内容和编写上有哪些突出特点？

答：《大事记》在内容上突出了以下几个特点。

一是充分反映党的十八大以来的 5 年党和国家事业取得的历史性成就和发生的历史性变革。《大事记》精选经济、政治、文化、社会、生态、军事、外交、党建等领域的关键事件，运用权威数据，记载了党在决胜全面建成小康社会进程中的新实践新成就新亮点。

二是始终体现习近平总书记是党中央的核心、全党的核心。《大事记》在条目选取和内容表述上突出习近平总书记的核心地位,按照历史发展脉络、通过丰富史实展现了习近平总书记成为党中央的核心、全党的核心的过程和所发挥的核心作用。

三是充分体现习近平总书记系列重要讲话精神和治国理政新理念新思想新战略。《大事记》通过关键历史坐标,记录了以习近平同志为核心的党中央勇于推进实践基础上的理论创新、不断丰富发展中国特色社会主义理论、增强理论自信的历史过程。

在编写过程中,力求体现以下几个特点。

一是实事求是、权威准确。坚持使用第一手资料,内容、表述和口径都对照档案文献以及新华社、《人民日报》的权威报道,反复征求有关部门和单位意见,力求每个条目在内容、史实、观点等方面准确无误。

二是全面反映、突出重点。全面反映党和国家各项事业发展的成就,大事不漏,要事说透;着重反映重大决策部署及贯彻落实情况,突出反映创新成果,突显中国特色社会主义新进展、新成就。

三是统筹兼顾、综合平衡。准确把握党的十八大以来党和国家事业发展的主题和主线,以“点”带“面”、纵横结合,注意各方面的平衡。

四是表述精当、文字洗练。归并整合,用凝练语言全面概括地记述大事;惜墨如金,用最少的文字表述更多的内容。

问:请您谈谈编发《大事记》对学习贯彻党的十九大精神、做好各项工作有哪些重要作用?

答:《大事记》是党史工作者为党的十九大献上的一份厚礼,具有重要作用。

第一,有利于鼓舞全党全军全国各族人民进一步坚定信心、迎难而上、开拓奋进。《大事记》记载的十八大以来党的不懈奋斗的历程、理论创新的成果、党的建设的实践,体现了以习近平同志为核心的党中央对共产党执政规律、社会主义建设规律、人类社会发展规律认识的不断深化,可以使全党全军全国各族人民增强战胜各种困难的信心、勇气和力量,进而把各项事业推向前进。

第二,有利于营造良好舆论氛围,为党的十九大胜利召开和学习宣传贯彻党的十九大精神做好准备。《大事记》有助于广大党员、干部、群众进一步了解党的十八大以来党和国家事业发展取得的历史性成就和历史性变革,牢固树立"四个意识",为决胜全面建成小康社会、夺取中国特色社会主义伟大胜利而奋斗。

第三,有利于服务党和国家工作大局,为党和国家决策提供历史借鉴。《大事记》紧紧围绕党和国家中心工作,总结新经验,开辟新思路,提供新动力,做到"党有所需、'史'有所为",充分发挥党史以史鉴今、资政育人的重要作用,为党和国家事业的发展提供智慧和力量。

宏伟目标激励人心,历史重任催人奋进。我们相信,在以习近平同志为核心的党中央坚强领导下,在党的十九大精神指引下,在全党全军全国各族人民共同努力下,我们一定能够不断开创中国特色社会主义新局面,朝着实现"两个一百年"奋斗目标、实现中华民族伟大复兴的中国梦奋勇前进。